W0073490

Herfried Münkler

Der neue Golfkrieg

Rowohlt

1. Auflage April 2003
Copyright © 2003 by Rowohlt Verlag GmbH,
Reinbek bei Hamburg
Alle Rechte vorbehalten
Lektorat Frank Strickstrock
Satz aus Plantin PostScript, PageMaker,
bei Pinkuin Satz und Datentechnik, Berlin
Druck und Bindung Clausen & Bosse, Leck
Printed in Germany
ISBN 3 498 04490 7

Die Schreibweise entspricht den Regeln
der neuen Rechtschreibung.

Inhalt

Machtpolitisches Vorspiel — Zur Einleitung 7

1 Der angekündigte Krieg
Der lange Vorkrieg und die Rolle der Medien 19

2 Eine neue Ordnung im Nahen Osten
Über die tatsächlichen Kriegsgründe und Motive der USA 29

3 Der Fluch des Öls
Eine weltpolitische Krisenregion: Wie die arabisch-islamische
Welt und der Irak sich selbst blockieren 53

4 Keiner darf gewinnen
Das gescheiterte Streben des Irak nach regionaler Vorherrschaft
und die Rolle Amerikas 69

5 Der fürchterliche Frieden
Die Revolutionierung des Gefechtsfeldes und das Scheitern
einer nichtmilitärischen Bändigung Saddam Husseins 95

6 Eine internationale Drei-Klassen-Gesell-
schaft
Die Vereinten Nationen und das Völkerrecht in einer
US-dominierten Weltordnung 123

7 Entfremdung vom neuen Empire
Politische Perspektiven der Europäer im Schatten der militärischen Hegemonie der USA 139

Anmerkungen 155

Danksagung 175

Machtpolitisches Vorspiel – Zur Einleitung

Die Vorgeschichte des Dritten Golfkrieges reicht weit zurück. So ist der jüngste Waffengang an Euphrat und Tigris, in dem über die zukünftige gesellschaftliche Entwicklung und politische Rolle des Irak entschieden wird, nicht zu verstehen ohne die Beschäftigung mit der Besetzung Kuwaits durch irakische Truppen im August 1990 und die anschließende Intervention einer von den USA angeführten Militärkoalition zur Befreiung des Scheichtums. Beides, die irakische Besetzung Kuwaits sowie der knapp zweimonatige Luft- und Bodenkrieg gegen den Irak Anfang 1991, wird gewöhnlich als Zweiter Golfkrieg bezeichnet. Dieser wiederum ist nur unter Rückgriff auf den so genannten Ersten Golfkrieg zwischen Irak und Iran von 1980 bis 1988 zu erklären, der einer der härtesten und verlustreichsten Kriege nach 1945 war. Mit diesen beiden Konflikten ist die Region am Golf aus dem politischen Gleichgewicht geraten.

Die Instabilität des Vorderen Orients, ohnehin die Region, in der nach dem Ende des Zweiten Weltkrieges die meisten bewaffneten Auseinandersetzungen geführt worden sind, ist dadurch weiter vergrößert worden. Und das ist eine Entwicklung von globaler Bedeutung: nicht nur wegen der hier lagernden Erdölreserven und ihres Stellenwerts für die Weltwirtschaft, sondern auch wegen der geostrategischen Lage der Region als Brücke zwischen Europa, Asien und Afrika. Man kann den Dritten Golfkrieg, zu welchen Ergebnissen er langfristig auch immer führen mag, als den Versuch der USA und ihrer Verbündeten begreifen, die politische Stabilität der Golfregion wieder herzustellen und darüber hinaus einen entscheidenden Beitrag zur Befriedung des gesamten Vorderen Orients zu leisten. Ob dies gelingen oder das Gegenteil eintreten wird, werden wohl erst die nächsten Jahre zeigen. Es ist zu befürchten, dass am Ende die politische Ohnmacht des militärisch allmächtigen Hegemonen USA stehen wird.

Selbstverständlich kann man zur Beschreibung und Analyse des jüngsten Irakkrieges zeitlich erheblich weiter zurückgehen als nur bis zum Ersten Golfkrieg. Man könnte die Darstellung beispielsweise mit dem Zerfall des Osmanischen Reichs im Verlauf des Ersten Weltkrieges beginnen, als das Zweistromland von Süden her durch britische Truppen erobert wurde, die sich in schweren und verlustreichen Gefechten entlang von Euphrat und Tigris flussaufwärts kämpften. Gegen Kriegsende vereinigten sie sich mit den aus Ägypten über Palästina in Richtung Syrien vorgestoßenen britischen Verbänden; damit hatte das Osmanische Reich nicht nur den Krieg verloren, es verschwand auch für immer von der politischen Bühne. Das Zweistromland wurde britisches Mandatsgebiet, während Syrien unter französische Kontrolle kam – eine für die Geschichte (und Rivalität) beider Länder folgenreiche Entscheidung der westlichen Siegermächte. Aber vom Ende des Ersten Weltkrieges bis zum Beginn des Ersten Golfkrieges ist es eine weite Strecke; sie aufmerksam abzuschreiten würde zu einer Fülle von Ereignissen und Entwicklungen führen, die mit den Kriegen der letzten beiden Jahrzehnte am Golf nur wenig zu tun haben. In diesem Buch geht es nicht um die soziopolitische Geschichte des Irak[1], sondern um Vorgeschichte und Folgen des Dritten Golfkrieges.

Man kann mit der Vorgeschichte des Dritten Golfkrieges auch 1968 beginnen, als die britische Regierung sich dazu durchrang, alle Militärstützpunkte östlich von Suez bis Ende des Jahres 1971 aufzugeben. Diese Entscheidung war die – späte – Konsequenz aus dem Ende der britischen Herrschaft über Indien. Seitdem waren die militärischen Stützpunkte am Indischen Ozean und Persischen Golf nur noch das kostenträchtige Relikt eines nicht mehr existierenden Empire. Das machtpolitische Vakuum, welches damit in der Golfregion entstanden war, füllten die Amerikaner. Zunächst hatten sie im Wesentlichen das Ziel, einen wachsenden Einfluss der Sowjetunion in dieser geostrategisch zentralen Region zu verhindern. Sicherlich verfolgten sie aber auch die Absicht, auf diese Weise die Erdölversorgung der Weltmärkte zu gewährleisten.

Die Entscheidung der USA, die von den Briten aufgegebene Rolle des Stabilitäts- und Sicherheitsgaranten am Golf zumindest teilweise zu übernehmen, ist indessen nicht als Ausdruck imperialistischer Politik im klassischen Sinne zu verstehen, da es ihnen keineswegs um die direkte Kontrolle von Förderquoten und Ölpreisbildung ging, sondern bloß darum, nicht zuzulassen, dass sich ein anderer die direkte Kontrollposition eroberte. Das seit Mitte der 80er Jahre wachsende militärische Engagement der USA am Golf war im Großen und Ganzen nur eine Fortsetzung dieser Politik – «mit anderen Mitteln». Die imperiale Präsenz der USA in der Region sollte sicherstellen, dass die Mengenregulierung und Preisbildung des Erdöls am Weltmarkt erfolgten und nicht unter die direkte Einflussnahme einer interessierten Macht gerieten. Konkret bedeutete dies, dass die USA ihren damaligen weltpolitischen Rivalen, die Sowjetunion, vom Golf fern halten und zugleich verhindern mussten, dass eine regionale Macht in eine strategische Kontrollposition gelangte. Die USA garantierten und garantieren also das Funktionieren der üblichen Mechanismen eines Marktes bei der Versorgung der Weltwirtschaft mit Erdöl.[2] Ihre politische und gegebenenfalls militärische Einflussnahme besteht in der Sicherstellung von Marktbedingungen, nicht in direkten Marktinterventionen.

Man kann das imperialistisch – eben marktimperialistisch – nennen. Aber ein so weit gehender Gebrauch des Begriffs Imperialismus würde darauf hinauslaufen, dass tendenziell alle Handlungen von relativ Starken als imperialistisch zu bezeichnen wären, während die von relativ Schwachen *eo ipso* als antiimperialistisch zu gelten hätten. Die irakische Bedrohung und Besetzung Kuwaits im Sommer 1990 wäre dann, da sie auf eine partielle Aushebelung der Marktmechanismen zielte, eine antiimperialistische Handlung gewesen. Mit der Verfügung über das kuwaitische Erdöl wollte sich Saddam Hussein nämlich einen größeren Einfluss auf die Ölpreisbildung verschaffen, um so die im Krieg gegen den Iran angehäuften irakischen Auslandsschulden schneller tilgen zu können. Aber innerhalb der Region war die Besetzung und Annexion Kuwaits als 19. Provinz des Irak zweifellos selbst eine imperialistische Aktion, weswegen die Vertreibung der Irakis aus Kuwait durch eine US-geführte multinationale Streitmacht wiederum als eine antiimperialistische Intervention anzusehen ist. Wenn freilich ein und dieselbe Aktion gleichzeitig als imperialistisch und antiimperialistisch bezeichnet werden kann, so hat der Begriff jede analytische Schärfe eingebüßt und dient nur noch als Erkennungszeichen politischer Bekenntnisse. Im Folgenden soll mit dem Imperialismusbegriff darum überaus zurückhaltend umgegangen werden, ohne dass tatsächliche Bestrebungen zur Bildung von Imperien und zur Erringung hegemonialer Positionen aus dem Auge verloren würden.

Die amerikanische Antwort auf die Schließung der britischen Stützpunkte östlich von Suez[3] bestand zunächst nicht in deren Übernahme oder der Errichtung eigener militärischer Basen in der Region. Gemäß der Nixon-Doktrin, in diesem Falle konkret der *Twin-Pillars-Policy* (Zwei-Säulen-Politik), sollten vielmehr Saudi-Arabien und insbesondere der Iran zu Hegemonialmächten in der Region aufgerüstet werden. Diese Entscheidung war nicht nur politisch klug, sondern zugleich wirtschaftlich vernünftig. Denn sie erlaubte es den USA einerseits, das Eintreten in eine der alten Kolonialmacht vergleichbare Rolle zu vermeiden, während sie andererseits ihre Ziele und Absichten ohne die hohen Kosten einer eigenen Militärpräsenz zur Geltung brachte. Das wird besonders deutlich, wenn man die jährlich sich auf etwa 70 Milliarden Dollar summierenden Stationierungskosten der US-Streitkräfte am Golf dagegenrechnet[4], wie sie in jüngster Zeit entstanden sind. Mitte der 80er Jahre gingen die USA auf dem Höhepunkt des Ersten Golfkrieges von der indirekten zur direkten Kontrolle der Region über. Und eine der Erklärungen für den strikten Kurs der USA auf den Dritten Golfkrieg dürfte darin zu suchen sein, dass auch der einzig verbliebenen Supermacht die aus einer starken militärischen Präsenz erwachsenden Kosten auf Dauer zu hoch sind.

Während Ende der 60er Jahre Saudi-Arabien die Funktion des ökonomischen *gate keeper* am Erdölmarkt übernahm, entwickelte sich der Iran zur militärischen Vormacht in der Region, wozu nicht zuletzt die 1972 einsetzende massive militärische Aufrüstung des Landes durch die USA beigetragen hat. Aufgrund seiner Größe, seiner Einwohnerzahl, seines Erdölreichtums und seiner langen südwestlichen Küste am Persischen Golf war der Iran gleichsam die «geborene» Hegemonialmacht der Region.

Und Schah Mohammed Reza Pahlewi hat die ihm von den USA angetragene Rolle bereitwillig übernommen.[5] Durch die Besetzung von drei Inseln in der strategisch wichtigen Meerenge von Hormuz hat der Iran seinen Anspruch auf regionale Vorherrschaft sogleich nachdrücklich unterstrichen und damit die anderen arabischen Staaten ins zweite Glied verwiesen.

Vor allem der Irak wurde durch die neue Machtverteilung am Golf benachteiligt. Das zeigte sich spätestens 1975 im Vertrag von Algier, in dem er zugestehen musste, dass die völkerrechtlich verbindliche Grenze zum Iran in der Mitte des Schatt el-Arab, der Euphrat- und Tigris-Mündung, verlief. Damit stand der einzige irakische Zugang zu den Weltmeeren, über den der Erdölexport erfolgte, unter der Aufsicht des Iran.[6] Die amerikanische Golfpolitik hatte dem Irak, der seit Ende der 60er Jahre eine Politik der Anlehnung an die Sowjetunion betrieb, somit enge Fesseln angelegt.[7]

Die kurze Skizze der machtpolitischen Entwicklung am Golf seit dem Rückzug der Briten zu Beginn der 70er Jahre zeigt, dass die vom Irak ausgehenden Kriege nicht allein mit inneren Faktoren des Landes erklärt werden können, wie etwa der Verbindung nationalistischer und sozialrevolutionärer Elemente in der Ideologie der Baath-Partei oder der Psychopathographie eines Diktators.[8] Stets haben auch äußere Einflüsse die Ausrichtung der irakischen Politik mitbestimmt. Das demonstriert insbesondere die Entwicklung der späten 70er Jahre, als sich die dem Irak angelegten Fesseln auflösten. Dies war jedoch weniger das Ergebnis einer zielstrebigen Politik des Irak, als vielmehr die Folge von Ereignissen, auf die die politische Führung des Landes so gut wie keinen Einfluss gehabt hatte: Der Sturz des Schahregimes im Januar/Februar 1979, in dessen Gefolge die zuvor unter großen Anstrengungen aufgebaute Hegemonialmacht Iran binnen weniger Monate kollabierte, hat dem Irak einen ebenso unerwarteten wie weit reichenden politischen Spielraum am Golf verschafft. Und das im September 1978 geschlossene Camp-David-Abkommen zwischen Israel und Ägypten hat dazu geführt, dass Ägypten und insbesondere der ägyptische Staatspräsident Anwar al-Sadat innerarabischer Ächtung verfielen, sodass die Position der arabischen Führungsmacht plötzlich neu zu besetzen war.[9]

Saudi-Arabien kam aufgrund seiner proamerikanischen Ausrichtung für diese Rolle nicht in Frage; so blieben als Anwärter nur Syrien und der Irak. Syrien hatte zwar den «Vorteil», direkter Frontstaat zu Israel zu sein, aber der Irak verfügte über die größeren Ressourcen. Mit einem Mal stand dem Land und seinen Führern der Weg an die Spitze der arabischen Welt offen. Dass der Irak diesen Weg beschritt, war freilich alles andere als selbstverständlich, und unter Staatspräsident Hasan al-Bakr hätte er es wahrscheinlich nicht getan. Aber im Juni 1979 löste Saddam Hussein, der in den Jahren davor hinter den Kulissen zum starken Mann des Regimes avanciert war, seinen alt und zögerlich gewordenen Förderer al-Bakr ab, und Hussein hatte durchaus den Ehrgeiz und den Machtwillen, sich an die Spitze der arabischen Welt zu setzen. Indem er den durch innere Machtkämpfe, die Exekution eines Großteils der Armeeführung sowie den Stopp der US-Waffenlieferungen geschwächten Iran angriff, die arabischstämmige Bevölkerung der reichen Ölprovinz Khusistan «befreite» und so der Welt vor Augen führte, dass die von Israel ein ums andere Mal gedemütigten Araber doch noch siegen konnten, wollte er sich das Charisma verschaffen, das ihn zum allseits anerkannten Führer der arabischen Welt machen würde. Am 22. September 1980 befahl Saddam Hussein seinen Truppen den Angriff auf den Iran.

Genauso wenig, wie eine Analyse, die sich nur mit dem Irak beschäftigt, den Weg in die drei aufeinander folgenden Golfkriege zu erklären vermag, kann dies ein Erklärungsansatz, der sich ausschließlich auf die Pläne und Absichten der USA konzentriert. Etwa indem er ihnen vorwirft, in arroganter Missachtung der Souveränität anderer Staaten den Irak angegriffen und ihm ihren politischen Willen aufgezwungen zu haben. Oder mehr noch, ihn durch Intrigen in Kriege hineingelockt zu haben, die ihnen dann als Vorwand für die eigenen Angriffsaktionen dienten.

Angesichts der politischen und militärischen Macht sowie der wirtschaftlichen und technologischen Überlegenheit der USA ist es nicht verwunderlich, wenn sich um die Politik der einzig verbliebenen Supermacht bisweilen sogar obsessive Verschwörungstheorien ranken. In solchen Szenarien wird dann der irakische Herrscher nicht nur zum Opfer amerikanischen Weltherrschaftsstrebens, am Ende folgen auch die weltpolitischen Ereignisse der letzten Jahrzehnte bis ins Detail einem von Weißem Haus, State Department und Pentagon ausgedachten Fahrplan. Dass Politik auch zwischen ungleich Starken stets aus Handeln und Gegenhandeln besteht, spielt in diesen Konzeptionen keine Rolle. An die Stelle der analysierenden Beobachtung politischer Interaktio-

13

nen tritt das Interesse an der Aufdeckung sinistrer Machenschaften.[10]

Tatsächlich sind im Dritten Golfkrieg zwei politische Willen aufeinander getroffen, die, wenn auch aus ganz unterschiedlichen Gründen, auf militärische Optionen gesetzt und alternative Formen der Problembearbeitung verworfen haben. So hat der Irak trotz des Scheiterns seiner Pläne im Ersten und der verheerenden Niederlage im Zweiten Golfkrieg an der militärischen Option festgehalten. Er hat auch unter dem Sanktionsregime der Vereinten Nationen in den 90er Jahren die Militarisierung seiner Wirtschaft verfolgt und nach Schätzungen des *International Institute for Strategic Studies* zuletzt 23 Prozent seines Bruttosozialprodukts für Rüstung aufgewendet. Es steht wohl außer Frage, dass sich ein solches Ausmaß an Rüstungsanstrengungen nur unter der Bedingung aufrechterhalten lässt, dass der Bevölkerung keine Mitsprache- und Mitwirkungsrechte an den politischen Entscheidungen eingeräumt werden. Eine wie auch immer geartete Demokratisierung des Irak würde auch ohne äußeren Zwang die Rüstungsausgaben drastisch senken und einen erheblichen Teil der bislang für den militärischen Apparat aufgewendeten Gelder in die zivile Infrastruktur (Schulwesen, Gesundheitssystem etc.) umlenken. Insofern war der von den USA angestrebte Regimewechsel im Irak immer auch mit der Hoffnung auf eine tief greifende Entmilitarisierung des Landes verbunden.

Aber auch die USA haben im Konflikt mit dem Irak zuletzt nur noch auf die militärische Option gesetzt. Dabei dürfte eine erhebliche Rolle gespielt haben, dass sie in den letzten Jahren eine Reihe militärischer Operationen erfolgreich durchgeführt und auf diese Weise das Militär als einen Problemlöser wieder entdeckt haben, der schnelle, effektive und kostengünstige Lösungen verspricht. Ob das auf Dauer so bleiben wird, ist allerdings eher zu bezweifeln. Bemerkenswert ist jedenfalls, dass sich die USA von dem sanften Hegemonen, der sie in Europa während der Zeit des Kalten Krieges gewesen sind, in der Golfregion

14

in einen harten Hegemonen verwandelt haben, der seine Ansprüche immer weniger auf die Attraktivität seiner politischen Ordnung, seines Wohlstands und des Lebensstils seiner Bürger, sondern auf die Gewaltandrohungen seiner gigantischen Militärmaschinerie gründete. Freilich ist den USA in der arabisch-islamischen Welt – anders als in der Blockkonfrontation des Kalten Krieges – in Gestalt des fundamentalistischen Islamismus auch ein Wille gegenübergetreten, der für die *soft factors* der politischen Macht, die Strahlkraft überlegener Technologie, die kulturindustriellen Erzählmuster und das Versprechen des Glücks in Form materiellen Wohlstands, nur entschlossene Verachtung übrig hat. Dass die USA zuletzt mehr auf die Vernichtungskraft ihrer Luftwaffe als die Überzeugungskraft der westlichen Zivilisation gesetzt haben, hat auch mit dem Gegner zu tun, dem sie sich gegenübersahen oder gegenüberzusehen meinten.[11]

Die während der letzten beiden Jahrzehnte am Golf geführten Kriege sind weit über die Region hinaus von Bedeutung gewesen. Ja, man kann sagen, dass in allen diesen Kriegen stellvertretend für andere Länder und Weltgegenden die Chancen und Folgen militärischer Optionen bei der Regelung politisch strittiger Fragen ausgelotet worden sind. Die weltpolitische Rolle, die zwischen 1914 und 1945 für drei Jahrzehnte Europa (und mit einer gewissen Zeitverschiebung dann Ostasien) innegehabt hat, ist während der letzten beiden Jahrzehnte auf die Golfregion übergegangen. So war der Erste Golfkrieg der längste, härteste und verlustreichste Krieg zwischen zwei Staaten nach 1945. Mit acht Jahren hat er doppelt so lange gedauert wie der Erste Weltkrieg. Dennoch ist es keinem der beiden Gegner gelungen, seinen politischen Willen in nennenswerter Form durchzusetzen. Nach dem Verlust von etwa einer Million Menschen auf beiden Seiten sah der Waffenstillstand vom Juli 1988 vor, dass sich die Truppen auf die Positionen zurückzogen, die sie vor Beginn der Kampfhandlungen eingenommen hatten. Die Lektion, die die Europäer bereits in der ersten Hälfte des Jahrhunderts gelernt hatten, lautete auch hier, dass Kriege, die gegen einen gleich starken Gegner um Land, Ressourcen oder politischen Einfluss geführt werden, zu teuer sind und sich nicht mehr lohnen. Sie kosten in jedem Falle mehr, als sie günstigstenfalls einzubringen vermögen. Vor Kriegsbeginn war der Irak ein Land auf der Schwelle zur Ersten Welt; nach Kriegsende war er ökonomisch zerrüttet, hoch verschuldet und sozial aus dem Gleichgewicht geraten.

Dass die europäische Erfahrung nur für symmetrische Kriege gilt, während asymmetrische Konflikte grundlegend anderen Regeln der Kosten- und Lastenverteilung unterliegen[12], zeigte dann der Zweite Golfkrieg, in dem eine amerikanisch geführte Militärkoalition bei geringen eigenen Verlusten den Irak binnen eineinhalb Monaten in die Knie zwang. In fast jeder Hinsicht war der Zweite Golfkrieg das Gegenteil des Ersten Golfkrieges: Es war ein überaus kurzer Krieg, der vom ersten Tag an nicht als ein Kampf von Gleichen geführt wurde, sondern in dem die irakischen Soldaten der amerikanischen Militärmaschinerie nahezu hilflos ausgeliefert waren.[13]

So wurde der Zweite Golfkrieg zu einer Demonstration der militärtechnischen Überlegenheit des Westens. Stellt man noch in Rechnung, dass die irakischen Streitkräfte nach der sowjetischen Militärdoktrin aufgestellt waren und den Kampf auf eine Weise führen wollten, wie das in Mitteleuropa wohl der Fall gewesen wäre, wenn es hier zu einer Auseinandersetzung mit konventionellen Streitkräften gekommen wäre, dann hat der Zweite Golfkrieg zugleich eine Revolutionierung der Militärdoktrinen in aller Welt bewirkt, wie sie radikaler kaum hätte ausfallen können. Unter diesem Eindruck wurde im chinesischen Generalstab etwa das Konzept, sich auf einen Konflikt mit den USA nach symmetrischem Muster vorzubereiten, grundlegend in Frage gestellt und die Rückkehr zu den asymmetrischen Strategien der Mao-Zeit vorgeschlagen.[14]

Auf jeden Fall aber hat der Zweite Golfkrieg klar gemacht, dass die Ära motorisierter gepanzerter Landstreitkräfte zu Ende gegangen ist und der Einsatz der Luftwaffe, die mit neuartigen Waffensystemen ausgerüstet ist, den Ausschlag gibt. Demgemäß lautete eine weitere Lehre aus dem Zweiten Golfkrieg: Wer gegen die militärtechnologisch unendlich überlegenen USA einen politischen Willen mit den Mitteln der Gewalt durchzusetzen beabsichtigt, kann dies nicht länger auf klassische militärische Weise tun, sondern muss seine Streitkräfte mit Atomwaffen ausrüsten, wie Nordkorea, oder zu Strategien systematischer Asymmetrisierung greifen. Eine dieser Strategien ist der Terrorismus[15], und dementsprechend stellte zu Beginn des 21. Jahrhunderts nicht der Irak Saddam Husseins, sondern die Netzwerkorganisation al-Qaida und ihr Symbol Osama bin Laden die bedrohlichste Herausforderung der USA dar. Welche Motive und Gründe die USA dennoch veranlasst haben mögen, erneut gegen den Irak Krieg zu führen, soll nachfolgend untersucht werden. Ebenso wird es darum gehen, welche weltpolitischen, die Grenzen der Region weit überschreitenden Folgen der Dritte Golfkrieg haben dürfte und welche Schlussfolgerungen aus ihm – auch vor dem Hintergrund des Ersten und Zweiten Krieges am Golf – zu ziehen sind.

1 Der angekündigte Krieg

Der lange Vorkrieg und die Rolle der Medien

Der Krieg begann ganz nach amerikanischem Plan: Als das Ultimatum abgelaufen war, das US-Präsident George W. Bush seinem irakischen Widerpart Saddam Hussein für das Verlassen des Irak und den Gang ins Exil gestellt hatte, erfolgten die ersten schweren Luftangriffe auf Bagdad. Sie sollten die Machtzentren des irakischen Regimes ausschalten oder zumindest doch deren Kommunikationsmöglichkeiten deutlich einschränken. Bereits Stunden vor Kriegsbeginn warteten die Nachrichtenredaktionen der Fernsehsender gespannt auf Meldungen über erste Kampfhandlungen. Eine eigentümliche Atmosphäre breitete sich aus, und man konnte sich des Eindrucks nicht erwehren, dass die Nachricht vom Kriegsbeginn in dieser Situation gespannten Wartens fast mit Erleichterung aufgenommen wurde.

Der erste Angriff fand im Morgengrauen statt. Am 20. März 2003 schlugen gegen 3.30 Uhr mitteleuropäischer Zeit etwa 40 Marschflugkörper im Zentrum und den Randbezirken Bagdads ein, die die Amerikaner vom Golf und dem Roten Meer aus in den Irak gelenkt hatten. F-117-Tarnkappenflugzeuge warfen so genannte *smart bombs* ab, Bomben mit besonderer Zielsteuerung für «chirurgische Schläge». Im Zweiten Golfkrieg, der für den elektronisch gesteuerten Luftkrieg sinnbildlich wurde, waren gerade zehn Prozent der abgeworfenen Bomben solche High-Tech-Waffen. In den Arsenalen der Amerikaner für den Dritten Golfkrieg hat sich ihr Anteil vervielfacht.

Zwei Tage zuvor schon war in Washington erklärt worden, die

Zeit der Diplomatie sei zu Ende, was hieß, dass die Zeit des Krieges nunmehr begonnen hatte. Deutlicher hätte kaum zum Ausdruck gebracht werden können, dass der Krieg wieder zu einem Mittel der Politik geworden war. Die Vorbereitungen waren längst getroffen. Insgesamt waren in sämtlichen Anrainerstaaten mit Ausnahme des Iran und Syriens rund 255 000 amerikanische und 45 000 britische Soldaten stationiert und aufmarschiert, die meisten davon in Kuwait und auf den amerikanischen Schiffen und Flugzeugträgern im Golf und im Roten Meer.

Auf dem Feld der Diplomatie beendete der Krieg das wochenlange Ringen zwischen Deutschland, Frankreich, Russland sowie China, die den Waffengang ablehnten, auf der einen und den USA mitsamt Briten und Spaniern auf der anderen Seite. Dass die Entscheidungsmacht vom UN-Gebäude in New York ans Weiße Haus und das Pentagon in Washington übergegangen war, hätte kaum sinnfälliger zum Ausdruck kommen können als in dem Umstand, dass US-Außenminister Colin Powell zur letzten Sitzung des UN-Sicherheitsrates gar nicht mehr erschienen war. Seine Amtskollegen aus Deutschland, Frankreich, Russland und China blieben unter sich.

Amerikaner und Briten hatten in der Woche vor der heißen Phase des Krieges schließlich davon Abstand genommen, den Krieg mittels einer weiteren Resolution des UN-Sicherheitsrates zu legitimieren, nachdem sich keine Mehrheit dafür abzeichnete und insbesondere Frankreich ein Veto angekündigt hatte. Die neue Resolution hätte die Resolution 1441 vom November 2002 konkretisieren sollen, in der dem Irak ernsthafte Konsequenzen angedroht worden waren, falls er seine Massenvernichtungswaffen nicht zerstöre. Dass die UNO bei der Bewältigung der Nachkriegsprobleme im Irak eine wichtige Rolle spielen werde, wie aus Washington versichert wurde, dürfte für sie kein Trost gewesen sein. Im Gegenteil: Gerade dieses Ansinnen brachte die neuen Verhältnisse zum Ausdruck, in denen die USA festlegen, wer von der politischen Bühne zu verschwinden hat beziehungsweise auf ihr bleiben darf und wer dafür verantwortlich ist, die Scherben hinterher wegzuräumen.

Vor Beginn der Kampfhandlungen versuchten die Kriegsparteien, sich gegenseitig einzuschüchtern: Die USA demonstrierten zu diesem Zweck ihre technische Überlegenheit durch Flugzeugträger, Kampfbomber und satellitengesteuerte Marschflugkörper. Es ist bemerkenswert, dass das irakische Regime dagegen auf Paraden von potenziellen Selbstmordattentätern setzte. Die sowjetische Militärtechnologie, auf die es noch im Zweiten Golfkrieg vertraut hatte, hatte ihre symbolische Bedeutung weitgehend verloren. Nicht T-72 und Raketenwerfer, sondern maskierte Wüstenkrieger sollten die USA vom Angriff abschrecken. Ein deutliches Zeichen dafür, dass auch die Irakis die Konfrontation dieses Mal nicht auf symmetrischer, sondern auf asymmetrischer Ebene suchen wollten.

Die klassischen Staatenkriege begannen mit einer Kriegserklärung. Ihr ging eine kurze Phase der Mobilmachung voraus, während deren es von Tag zu Tag wahrscheinlicher wurde, dass der *drohende* in den *geführten* Krieg umschlug. Zwischen der öffentlichen Bekundung des politischen Willens zum Krieg und dem Beginn der Kampfhandlungen lagen allenfalls ein paar Wochen. Diese Zeitspanne war in der Regel eine Phase der dramatischen Beschleunigung politischer Entscheidungen; Politik fand währenddessen im Zeitraffertempo statt.

Das hat sich geändert: Kriege, die die Supermacht USA führt[1], werden lange vorher angekündigt. Dem Gegner soll die Chance gegeben werden, sich dem politischen Willen der USA zu beugen und so die Anwendung militärischer Gewalt noch zu vermeiden. Das war bereits im Vorfeld des Zweiten Golfkrieges der Jahre 1990/1991 so: Zunächst versuchten die Vereinigten Staaten den irakischen Präsidenten Saddam Hussein durch diplomatischen Druck, dann durch den Aufbau einer militärischen Drohkulisse und schließlich mittels einer Reihe von Ultimaten

21

zum Einlenken, also zum Abzug seiner Truppen aus Kuwait, zu bewegen. Erst als dies keinerlei Wirkung zeitigte und Saddam Hussein auf seinem politischen Willen beharrte, wurden auf Grundlage einer UN-Resolution und im Verein mit Alliierten die Kampfhandlungen eröffnet. Die Kosovo-Intervention im Frühjahr 1999 und der Krieg gegen das Taliban-Regime in Afghanistan Ende 2001 folgten demselben Muster.

Auch der Dritte Golfkrieg ist diesem «Fahrplan» entsprechend lange zuvor angekündigt worden. Diesmal ging es um die Abrüstung des Irak; letztlich wollten die Amerikaner einen Regimewechsel in Bagdad. Der Krieg wäre bis kurz vor Beginn der Kampfhandlungen noch abwendbar gewesen; nach Lage der Dinge freilich nur durch den freiwilligen Gang Saddam Husseins ins Exil oder durch seinen Sturz.

Nicht nur der Krieg der USA gegen den Irak, sondern schon die Aushandlungsverhältnisse vor seinem Ausbruch waren zutiefst asymmetrisch: Die USA diktierten die Bedingungen, unter denen der Krieg vermeidbar war, und der Irak hatte sich dem zu unterwerfen. Immerhin haben die Vereinigten Staaten dem Regime in Bagdad dafür sehr viel Zeit gelassen: von August/September 2002 bis März 2003. Man kann diese Phase des Konflikts als Verlangsamung der politischen Entscheidungsprozesse begreifen, in der Politik im Zeitlupentempo stattfand.

Vor allem im Januar und Februar 2003, als allenthalben mit einer raschen Entscheidung über Krieg oder Frieden am Golf gerechnet wurde, ist der Prozess in Wahrheit noch einmal verlangsamt und quasi zum Stillstand gebracht worden. Die sich wiederholenden Rituale, in denen die UN-Waffeninspektoren ihre Berichte in New York vorlegten, das Einräumen neuer Fristen für den Irak, das amerikanische Wechselspiel von Ungeduld und Gelassenheit, die wachsende Bereitschaft des Irak, den Waffeninspektoren der UNO einen genaueren und umfassenderen Einblick in seine Arsenale zu geben – hier hat sich eine Form des Vorkrieges entwickelt, wie sie den klassischen Staatskriegen gänzlich fehlte. An die Stelle ihres Auftakts, jener kurzen Spanne der Mobilmachung, ist eine lange Zeit des Ringens zweier politischer Willen in der Arena der Weltöffentlichkeit getreten. Zweifellos dürften in dem von den USA diktierten Zeitplan auch die komplexen Erfordernisse ihres Truppenaufmarschs weitab der eigenen Grenzen eine Rolle gespielt haben. Es wäre jedoch falsch, darin den Grund für den politischen Prozess der Verlangsamung zu sehen. Im Gegenteil: Die Marschbefehle für die Verlegung von Truppen konnten hinausgezögert werden, weil für die politischen Abläufe des Vorkrieges eine Zeitspanne benötigt wurde, die erheblich größer war, als sie für den Truppenaufmarsch erforderlich gewesen wäre.

Unter dem Eindruck der napoleonischen Kriege hat Carl von Clausewitz den Krieg definiert als einen «Akt der Gewalt, um den Gegner zur Erfüllung unseres Willens zu zwingen»[2]. Diese Definition, deren Gültigkeit in den letzten Jahrzehnten des 20. Jahrhunderts verschiedentlich angezweifelt worden ist[3], hilft, die beobachteten Veränderungen, durch die sich die Vorgeschichten des Zweiten und Dritten Golfkrieges von klassischen zwischenstaatlichen Kriegen unterscheiden, deutlicher hervortreten zu lassen. Unter den Bedingungen einer symmetrischen Konfrontation ging Clausewitz davon aus, dass der Krieg erst mit der manifesten Gewaltanwendung beginnt. Vor diesem Hintergrund stellte er die provokative These auf, der Krieg beginne prinzipiell nicht mit dem Angriff, sondern mit der Verteidigung: «Wenn wir uns die Entstehung des Krieges philosophisch denken, so entsteht der eigentliche Begriff des Krieges nicht mit dem Angriff, weil dieser nicht [...] den Kampf, [sondern] die Besitznahme zum absoluten Zweck hat [...] er entsteht erst mit der Verteidigung, denn diese hat den Kampf zum unmittelbaren Zweck, weil Abwehren und Kämpfen offenbar eins ist.»[4]
Die völkerrechtliche Definition des Krieges seit Beginn des 20. Jahrhunderts ist Clausewitz darin jedoch nicht gefolgt. Sie hat

vielmehr den Angriffskrieg, den es nach Clausewitz im strikten Sinne gar nicht geben kann, geächtet und nur den Verteidigungskrieg, der nach Clausewitz überhaupt erst ein Krieg ist, für zulässig erklärt. Diese Ächtung des Angriffskrieges, wie sie in den Statuten des Genfer Völkerbunds ihren Niederschlag gefunden hat, ist in der UN-Charta zum Verbot der Gewaltanwendung, ja sogar zum Verbot der Gewaltandrohung in der internationalen Politik weiterentwickelt worden. Nimmt man die in Artikel 2, Ziffer 4 der UN-Charta festgehaltenen Regelungen wörtlich, so hat der Dritte Golfkrieg eigentlich schon im September/Oktober 2002 begonnen, als die US-Politik ihre an den Irak adressierten Abrüstungsforderungen und die Erwartung eines Regimewechsels in Bagdad mit der Androhung eines Militärschlags verband. Eine Definition des Krieges, die nicht nur manifeste Gewaltanwendung, sondern auch massive Gewaltandrohung einschließt, würde freilich die Trennlinie zwischen Krieg und Frieden endgültig auflösen, nachdem die Übergänge inzwischen ohnehin fließend geworden sind. Die im September 2002 veröffentlichte neue Nationale Sicherheitsstrategie (NSS) der USA hat bedenklich dazu beigetragen.

Selbst wenn man die Definition des Krieges auf das Kriterium manifester Gewaltanwendung beschränkt, ist nicht ohne weiteres klar, ob der neue Golfkrieg wirklich erst im März 2003 begonnen hat. Denn schon als Ende 1998 die UN-Waffeninspektoren im Irak in ihrer Arbeit behindert wurden und sich daraufhin aus dem Land zurückzogen, griffen die USA und Großbritannien mit Kampfbombern und Marschflugkörpern massiv an. Im Rahmen der vier Tage dauernden *Operation Desert Fox* wurden etwa hundert Ziele im Irak angeflogen. Dabei handelte es sich nicht allein um Flugabwehrstellungen, sondern auch um Fabriken, die mit der Produktion von Massenvernichtungswaffen in Verbindung gebracht werden konnten, sowie um Pipelines und andere Einrichtungen der Erdölförderung.[5] Die Angriffe sind in den folgenden Jahren, wenn auch nicht mit vergleichbarer Intensität, fortgesetzt worden.[6] Man kann also sagen, dass seit Dezember 1998 von den USA immer wieder manifeste militärische Gewalt angewandt wurde, um den Irak zur Befolgung des amerikanischen Willens zu zwingen. Diese Entwicklung wird regelmäßig von jenen Beobachtern übersehen, die seit dem Regierungsantritt von George Bush jr. einen fundamentalen Wandel der amerikanischen Irakpolitik konstatieren zu können glauben. George Bush jr. hat die unter Bill Clinton betriebene Politik permanenter militärischer Pression gegen den Irak intensiviert und gesteigert. Die jüngste Irakpolitik der USA als Eigenheit der Republikanischen Partei anzusehen und auf grundlegende Änderungen der amerikanischen Außenpolitik unter einem anderen Präsidenten zu hoffen würde die Lage völlig verkennen. Die Vorgeschichte des neuen Golfkrieges ist nach den Handlungsimperativen einer imperialen Macht in Szene gesetzt worden, und dies wird sich bei nächster Gelegenheit in ähnlicher Weise wiederholen.

Die lange Vorgeschichte des Krieges, die Entschleunigung der politischen Entscheidungsprozesse, stand allerdings nicht allein im Belieben der Vereinigten Staaten. Sie ist vielmehr die schwer berechenbare Folge der Notwendigkeit, die Unterstützung durch eine deutliche Mehrheit der eigenen Wahlbevölkerung zu gewinnen und die Akzeptanz eines möglichen Krieges bei den wichtigeren, weil politisch wie militärisch handlungsfähigen Staaten der betreffenden Region wie des UN-Sicherheitsrats sicherzustellen. Krieg wird legitimiert durch das öffentlich vorgeführte Scheitern der wohlwollenden Beeinflussung eines «Schurken», der schließlich, nachdem man lange Geduld mit ihm bewiesen hat, seiner gerechten Strafe zugeführt wird. Ziel dieser weltpolitischen Inszenierung eines Erziehungsprozesses ist entweder das Einlenken des «Schurken» oder die Mobilisierung der Öffentlichkeit in der Hoffnung, dass sie selbst die Geduld verliert und die Bestrafung des «Schurken» verlangt.

Das ist im Falle Saddam Husseins, wie die weltweiten Demonstrationen gegen die amerikanische Irakpolitik im Februar 2003 zeigten, nicht sonderlich gut gelungen. Offenbar bot das Drehbuch, nach dem der Vorkrieg medienwirksam inszeniert wurde, zu wenig Überraschendes. Die westliche Öffentlichkeit war in ihrer großen Mehrheit jedenfalls nicht bereit, die schrittweise Demaskierung des «Schurken» als solche zu akzeptieren. Zu gut war noch in Erinnerung, dass die Amerikaner Saddam Hussein einst für ihre eigenen Interessen benutzt und sich dabei an seinen Mitteln und Methoden wenig gestoßen hatten.

Dessen ungeachtet wird man nach den aktuellen Erfahrungen am Golf davon ausgehen müssen, dass völkerrechtliche Bindungen auch künftig zunehmend durch die Strategie des angekündigten Krieges unterhöhlt und geschwächt werden. Medialen Inszenierungen wird dabei eine wachsende Bedeutung zukommen. Der dramatische Auftritt von Außenminister Colin Powell am 5. Februar 2003 im Sicherheitsrat der Vereinten Nationen hat davon eine Vorahnung gegeben. Die Aushebelung institutioneller Regelungen und Bindungen durch die Inszenierung von Medienkampagnen, die innerhalb der westlichen Staaten schon seit einigen Jahren zu beobachten ist[7], hat auf die internationale Politik übergegriffen und zeitigt dort Wirkung. Man kann von einer Tribunalisierung der internationalen Politik zwecks Legitimierung militärischer Interventionen sprechen.

Dies mag in der Handlungslogik einer imperialen Macht liegen, die wie keine zuvor die Macht der Medien und die Kunst des Scheins zu gebrauchen versteht; es ist freilich nicht ohne Risiken. Zwangsläufig begibt sich ein demokratisches Imperium dabei nämlich in die Hand des Publikums, das die Aufführung bewerten darf: und zwar durch zustimmenden Beifall oder verächtliches Zischen. Obendrein laufen solche Aufführungen nie störungsfrei ab, denn die politische Bühne ist offen für Gegeninszenierungen und Gegenkundgebungen. Anders formuliert: In demokratisch verfassten Gesellschaften steht der politische Wille – auch und gerade der zum militärischen Eingreifen in einen

Konflikt oder zum Vorgehen gegen ein als Schurkenstaat bezeichnetes Regime – nicht von vornherein fest, sondern unterliegt einem mit vielen Unwägbarkeiten behafteten politischen Aushandlungsprozess. Und in diesem Aushandlungsprozess können selbst Diktatoren oder Terroristen intervenieren, zum Beispiel indem sie die Kosten der Erfüllung eines politischen Willens erhöhen.

Autoritäre oder gar totalitäre Regime haben für sich den «Vorteil», dass bei ihnen Entscheidungsprozesse in geschlossenen Zirkeln und nicht im offenen Raum der Gesellschaft ablaufen. Man kann die theatralen Techniken, deren sich gerade die politische Klasse der Vereinigten Staaten in der Auseinandersetzung mit solchen Regimen bedient, darum auch als Versuch begreifen, die Nachteile auszugleichen, die ihr aus der demokratischen Offenheit der Willensbildungs- und Entscheidungsprozesse zunächst entstehen. Sie ist, mit anderen Worten, darauf angewiesen, ihre größere Medienkompetenz zu nutzen, um die lange Strecke, in der der Krieg nur angekündigt ist, aber noch nicht geführt wird, durchzustehen, ohne eine politische Niederlage zu erleiden. Mögen die USA dem Irak militärisch noch so überlegen sein – im politischen Entscheidungsprozess hat ein Diktator zumindest kurzfristige Vorteile gegenüber einem demokratisch gewählten Präsidenten: Er ist der ausschließliche Herr des politischen Willens, während sein Gegenüber stets auf die Bereitschaft der Wahlbevölkerung angewiesen ist, ihm zu folgen. In dieser Sphäre verlaufen die Asymmetrien genau umgekehrt zum militärischen Bereich.

Hat der Krieg freilich erst einmal begonnen, kommt es zu einer regelrechten Umkehrung der Konstellationen, die den Vorkrieg, also die Phase zwischen der Ankündigung militärischer Gewaltanwendung und dem Beginn der Kampfhandlungen, bestimmt haben. Jetzt setzen die USA auf eine Beschleunigung der Abläufe, weil sie daraus ihre asymmetrische Stärke beziehen, während die militärstrategische Leitdevise des Irak Verlangsamung sein muss. Das elektronisch vernetzte Gefechtsfeld, auf das die US-Strategen setzen, beruht auf einer bisher unvorstellbaren Geschwindigkeit der Informationsverarbeitung, der die irakische Seite nichts Vergleichbares entgegenzusetzen vermag. Auf diese Weise ist es den Amerikanern möglich, einen Krieg innerhalb kürzester Zeit zu entscheiden. Die Phase des Vorkrieges ist womöglich auch darum so lang, weil die Zeit des eigentlichen heißen Krieges nur sehr kurz sein darf, wenn demokratisch kontrollierte Regierungen einen solchen Krieg gewinnen wollen.

Wenn nachfolgend immer wieder von in militärischer Hinsicht asymmetrischen Konstellationen die Rede sein wird, dann sollte dabei nicht vergessen werden, dass in politischer Hinsicht genau umgekehrte Asymmetrien eine Rolle spielen: In Demokratien ist es möglich, gegen die Kriegspolitik der eigenen Regierung zu demonstrieren, wie dies Mitte Februar in London, Madrid, Rom und auch in zahlreichen Städten der USA der Fall gewesen ist. In Diktaturen ist das den Menschen verwehrt. Ihnen bleibt nur der stumme Opfergang, da Willensbekundung allein in der Form des Hurrapatriotismus erlaubt ist, oder die Hoffnung auf einen befreienden Militärputsch – zu der im Irak freilich kein Anlass bestand.

2 Eine neue Ordnung im Nahen Osten

Über die tatsächlichen Kriegsgründe und Motive der USA

Über die Motive und Gründe, die US-Präsident Bush Mitte des Jahres 2002 zu einer verschärften Gangart gegenüber dem Irak veranlasst haben, ist viel spekuliert worden. Im *War against Terror*, wie ihn Bush unmittelbar nach den Anschlägen vom 11. September 2001 ausgerufen hatte, spielte der Irak zunächst eine eher untergeordnete Rolle. Zwar wurde er ebenfalls als einer der Ausgangspunkte des Terrors genannt, aber nachdem sich herausgestellt hatte, dass die Anthrax-Briefe, die Amerika für zwei Wochen in Angst und Schrecken versetzten, nicht aus dem Irak stammten und auch nicht von dort gesteuert wurden, konzentrierte sich die amerikanische Aufmerksamkeit auf die so genannten *failed states*. Gemeint sind damit gescheiterte oder zusammengebrochene Staaten wie Afghanistan, Somalia und Teile des Sudan, wo man Verstecke und Ausbildungslager des islamischen Terrornetzwerkes al-Qaida vermutete. Der Irak trat für längere Zeit in den Hintergrund. Die Dramaturgie des *War against Terror* schließt freilich nicht aus, dass Teile der US-Administration von vornherein den Feldzug gegen das Taliban-Regime in Afghanistan nur als Auftakt für eine umfassende militärische Neuordnung des Mittleren Ostens begriffen haben.[1] Dass dabei der Irak als Erster ins Visier der US-Militärmaschinerie geraten würde, liegt auf der Hand.

Dies wurde erstmals in Präsident Bushs Rede zur Lage der Nation vom 29. Januar 2002 deutlich, in der er die Formel von der «Achse des Bösen» prägte. Im Anschluss an eine knappe Darstellung der militärischen Erfolge in Afghanistan und der Zer-

29

schlagung der dortigen al-Qaida-Strukturen nannte Bush als zweites Ziel des Krieges gegen den Terrorismus, «den Terror unterstützende Regime daran zu hindern, Amerika oder seine Freunde und Bündnispartner mit Massenvernichtungswaffen zu bedrohen». Ausdrücklich erwähnte er Nordkorea, Iran und Irak, um fortzufahren: «Staaten wie diese und ihre terroristischen Verbündeten stellen eine Achse des Bösen dar, die sich bewaffnet, um den Frieden auf der Welt zu bedrohen. Diese Regime sind eine ernste und wachsende Gefahr, da sie den Besitz von Massenvernichtungswaffen anstreben. Sie könnten Terroristen ihre Waffen zur Verfügung stellen und ihnen die Mittel geben, ihren Hass zu verwirklichen. Sie könnten unsere Bündnispartner angreifen und versuchen, die Vereinigten Staaten zu erpressen. Auf jeden Fall wäre der Preis der Gleichgültigkeit katastrophal.»[2]

Nicht das genuin militärische Bedrohungsarsenal der drei genannten Staaten wird hier als eine schwer wiegende Gefahr für die USA genannt, sondern die Verfügbarmachung von Massenvernichtungswaffen aus ihrem Besitz für andere, für Terroristen. Die militärische Verbindung von Massenvernichtungswaffen und Trägersystemen, wie sie für die Zeit des Kalten Krieges galt, wird in diesem Szenario durch die terroristische Verbindung von Massenvernichtungswaffen und Selbstmordattentätern ersetzt. Waren die Formen militärischer Bedrohung durch ein System von Abschreckung und Rüstungsbegrenzung im Zaum zu halten, so gilt das im Fall terroristischer Akteure grundsätzlich nicht. Das klassische Instrumentarium der Abschreckung ist ihnen gegenüber wirkungslos.

Damit hatte sich die Lage dramatisch verändert, und eine grundlegend neue Konzeption von Sicherheit wurde erforderlich. Knapp zusammengefasst hieß dies, dass die zwischen den Staaten hergestellte relative Sicherheit durch eine erweiterte Sicherheitskonzeption ersetzt werden musste. Abschreckung und Rüstungskontrolle zwischen den Staaten hatten funktioniert, weil Reziprozitätsbedingungen galten: Was ein Staat dem anderen antun konnte, konnte ihm selbst in mindestens gleichem Umfang angetan werden. Verlässlich und berechenbar waren die Staaten aufgrund ihrer Verletzlichkeit, die sie immer wieder aufs Neue zur Erstellung von Kosten-Nutzen-Bilanzen zwang, eine Verletzlichkeit, die mit der Territorialität der staatlichen Existenz zusammenhing.[3] Auf dieser Grundlage hatte das atomare Patt der Supermächte in den Zeiten des Kalten Krieges funktioniert. Man konnte sich gegenseitig umso mehr trauen, je deutlicher die Verletzlichkeit des jeweils anderen zu erkennen war. Terroristische Netzwerke hingegen haben kein Heimatland. Sie sind entterritorialisiert, von daher sind sie auch nicht in der herkömmlichen Form verletzlich. Dementsprechend funktionieren ihnen gegenüber die Instrumentarien der Abschreckung nicht. Der Selbstmordattentäter[4], der das Selbstopfer zum Strategem seiner Unaufhaltsamkeit macht, ist zum Symbol für die Entwertung des Abschreckungskonzepts und den Verlust der relativen Sicherheit geworden. Die Antwort hierauf ist die neue US-Sicherheitsstrategie der *preemptive strikes*, der gerechtfertigten Präventivschläge[5], durch die mutmaßliche Terroristen getötet, deren Organisationsstrukturen zerschlagen und Staaten, die möglicherweise Massenvernichtungswaffen an Terroristen weitergeben, entwaffnet werden sollen.

In der vom Weißen Haus verfassten Einleitung zur neuen Nationalen Sicherheitsstrategie der USA, die am 20. September 2002 veröffentlicht wurde, heißt es: «In der Verbindung von Radikalismus mit Technologie liegt die größte Gefahr für unsere Nation. Unsere Feinde haben offen erklärt, dass sie den Besitz von Massenvernichtungswaffen anstreben, und es gibt Beweise dafür, dass sie dieses Ziel mit Entschlossenheit verfolgen. Die Vereinigten Staaten werden es nicht zulassen, dass solche Bemühungen von Erfolg gekrönt werden. [...] Es ist eine Sache des gesunden Menschenverstands und der Selbstverteidigung, dass die Vereinigten Staaten gegen solche aufkommenden Bedrohungen vorgehen werden, bevor sie übermächtig werden. Wir können die

Vereinigten Staaten und unsere Freunde nicht verteidigen, indem wir das Beste hoffen. Daher müssen wir bereit sein, die Pläne unserer Feinde zunichte zu machen, indem wir uns der besten Informationsquellen bedienen und mit Bedacht vorgehen. Die Geschichte wird mit denen scharf ins Gericht gehen, die diese Gefahr auf sich zukommen sahen, aber nichts dagegen unternommen haben. In der neuen Welt, in der wir leben, ist der einzige Weg zu Frieden und Sicherheit der Weg des Handelns.»[6] Damit war unmissverständlich deutlich gemacht, dass die USA überall dort, wo sie eine Bedrohung ihrer Sicherheit vermuteten, entschieden und hart zuschlagen würden. Und der Irak würde eines der ersten Objekte dieser neuen Politik präemptiver beziehungsweise präventiver Selbstverteidigung sein.

Aber über welche Hinweise oder gar Beweise verfügten die USA überhaupt hinsichtlich einer relevanten Verbindung zwischen dem Irak und den neuen Formen des Terrorismus? Saddam Hussein gehörte zu den wenigen Politikern, die den Vereinigten Staaten nach den Anschlägen vom 11. September weder ihr Mitgefühl noch Beileid ausgesprochen hatten[7], doch das kann wohl kaum als hieb- und stichfester Beweis für eine enge Verbindung zwischen dem Irak und al-Qaida geltend gemacht werden. Auch Präsident Bushs «Achse-des-Bösen-Rede» vom 29. Januar 2002 enthält keinerlei Belege, nur allgemeine Vermutungen und den Verweis auf frühere Ereignisse. In dem kurzen Abschnitt über den Irak erklärt Bush: «Der Irak stellt weiterhin seine Feindseligkeit gegenüber Amerika zur Schau und unterstützt den Terror. Das irakische Regime plant insgeheim seit über zehn Jahren die Herstellung von Milzbranderregern, Nervengas und von Nuklearwaffen. Dies ist ein Regime, das bereits Giftgas zur Ermordung von Tausenden der eigenen Bürger einsetzte – die Körper der Mütter wurden über den toten Kindern liegen gelassen. Dies ist ein Regime, das internationalen Inspektionen zustimmte – und dann die Inspektoren hinausschmiss. Dies ist ein Regime, das etwas vor der zivilisierten Welt zu verstecken hat.»[8]

Die von den USA vorgebrachten Begründungen für den Aufbau einer militärischen Drohkulisse und schließlich den Angriff auf den Irak sind immer wieder in Zweifel gezogen worden. Ginge es tatsächlich überwiegend um das Problem der Massenvernichtungswaffen, dann müssten die USA gegen eine ganze Reihe von Regimen, auch mit ihnen verbündete, vorgehen und sie entweder zu einer von UN-Inspektoren überwachten Selbstentwaffnung zwingen oder in Form der «heißen Abrüstung» ihre Waffenpotenziale mit Militärschlägen zerstören. Kandidat dafür wäre dann wohl noch vor dem Irak Nordkorea gewesen, dessen Nuklearprogramm erheblich weiter fortgeschritten ist als das des Irak. Vor allem müsste aber Pakistan ins Visier genommen werden, das über einsatzfähige Nuklearwaffen verfügt, dessen institutionelle Strukturen fragil sind und wo ein hoher Anteil radikal-religiöser Jugendlicher ein beachtliches Unterstützungspotenzial terroristischer Gruppen darstellt. In zahlreichen Szenarien ist es darum spaltbares Material aus pakistanischer Produktion, das von islamistischen Terroristen in die USA geschafft und dort zur Explosion gebracht wird.[9] Verglichen mit der Gefahr einer Proliferation pakistanischer Nuklearwaffen an Terroristen, ist die vom Irak ausgehende Bedrohung zurzeit eher gering, zumal nach dem übereinstimmenden Urteil nahezu aller Beobachter der Irak gegenwärtig über keine Nuklearwaffen verfügt. Bleiben noch die «billigen» chemischen und biologischen Massenvernichtungswaffen, von denen bekannt ist, dass der Irak sie zu Beginn der 90er Jahre besessen hat, bevor sie dann – teilweise unter Aufsicht der UN-Waffeninspektoren, teilweise von den Irakis selbst und ohne UN-Überwachung – vernichtet wurden. Ob vollständig oder unter Zurückbehalten kleinerer Reste, kann von Seiten der UN-Inspektoren nicht mit Sicherheit beantwortet werden. Aber die eventuell verbliebenen Restmengen stellen keine relevante Bedrohung dar, jedenfalls keine größere, als sie von chemischen Fabriken in den USA ausgeht, in denen sich Terroristen ebenfalls durch Diebstahl oder Erpressung chemische Stoffe aneignen könnten, um sie zu einem Angriff auf die Zivilbevölkerung der USA zu nutzen.

Saddam Husseins Verfügung über chemische und womöglich auch biologische Massenvernichtungswaffen scheint darum eher ein nachgeschobenes Argument als ein tatsächlicher Grund der US-Kriegspolitik gegenüber dem Irak zu sein, zumal ein erheblicher Teil der irakischen Waffen noch aus jener Zeit stammt, als unter anderem westliche Staaten den Irak aufrüsteten, um ihm im Krieg gegen den Iran die nötige Durchhaltefähigkeit zu verschaffen.[10] Dass der Diktator Saddam Hussein vor keinem Verbrechen zurückschreckte, war bereits damals bekannt, und selbst der Einsatz von Giftgas, an der iranischen Front gegen gegnerische Truppen und im eigenen Hinterland gegen aufständische Kurden, hat in den 80er Jahren keineswegs zum Abbruch der westlichen Militärhilfe für den Irak geführt. Im Gegenteil: Unter dem Eindruck wachsender iranischer Überlegenheit, die seit Frühjahr 1986 auch in Geländegewinnen ihren Niederschlag fand, wurde die US-Unterstützung insbesondere im Bereich der Satellitenaufklärung erheblich ausgeweitet. Es war darum wenig glaubwürdig, als Präsident Bush Anfang des Jahres 2002 die kurdischen Opfer des irakischen Giftgaseinsatzes 1988 in der Stadt Halabja als Zeugen dafür aufrief, dass der Irak Saddam Husseins eine ernstliche Bedrohung der amerikanischen Sicherheit darstelle. Die Überzeugungskraft dieser Behauptung wurde obendrein noch dadurch geschmälert, dass mehrere von Bushs Regierungsmitgliedern bereits in der Reagan-Administration tätig gewesen waren und zu dieser Zeit keinerlei Probleme mit den irakischen Giftgaseinsätzen hatten erkennen lassen. Die notorischen Doppelstandards der USA, die gegenüber nicht befreundeten Mächten moralische wie politische Ansprüche geltend machen, von denen die Freunde und zeitweiligen Verbündeten dispensiert sind, durchziehen auch und gerade die Irakpolitik und lassen eine Fülle im Prinzip richtiger Analysen, sobald sie in operative Politik umgesetzt werden, als pure Heuchelei erscheinen.

Eine zentrale Begründung für die amerikanischen Interventionsdrohungen war der Vorwurf, der Irak unterstütze den Terror und diese Unterstützung mache ihn in Verbindung mit dem vermuteten Besitz von Massenvernichtungswaffen zu einer besonders gefährlichen Bedrohung der USA. Bei dieser Begründung blieb offen, ob eine wie auch immer geartete Zerstörung der irakischen Massenvernichtungswaffen den amerikanischen Sicherheitsansprüchen genügen würde oder ob damit nicht von vornherein ein Regimewechsel im Irak angestrebt wurde. Legt man den von amerikanischen Politikern wie Kommentatoren mit Blick auf den Irak immer wieder verwendeten Begriff des Schurkenstaates *(rogue state)* zugrunde, so lief dies auf die Frage hinaus, ob die Entwaffnung des Schurken ausreichen würde oder ob es angesichts der Möglichkeit seiner Wiederbewaffnung nicht angezeigt war, den Schurken selbst unschädlich zu machen. Letzteres musste fast zwangsläufig Krieg bedeuten, da nicht damit zu rechnen war, dass Saddam Hussein widerstandslos abtreten und für ein den USA genehmes Regime Platz machen würde.

Mit Schurkenstaaten sind im Übrigen jene Regime gemeint, die durch die Unterstützung international agierender Terroristengruppen versuchen, sich einen größeren Einfluss zu verschaffen, als er der politischen Bedeutung, militärischen Kapazität und wirtschaftlichen Potenz des Landes entspricht. Über terroristische Gruppen lassen diese Staaten gezielt Gewalt anwenden, ohne dafür als Staat die Verantwortung übernehmen zu müssen, also den Bedingungen der Verletzlichkeit und damit Bestrafbarkeit territorialisierter Staatlichkeit zu unterliegen. Sie treten gleichsam bei Tageslicht als honorige Mitglieder einer zivilisierten, ehrenwerten Gesellschaft auf, aber des Nachts dirigieren sie Räuber- und Mörderbanden, die ihnen die Vorteile der Anwendung von Gewalt in allen ihren Formen verschaffen sollen.

Es steht außer Zweifel, dass der Irak, ähnlich wie Syrien, Libyen oder der Iran, über zwei Jahrzehnte eine solche Politik verfolgt hat.[11] Dies gehört zur Räson von Regimen, die entweder, wie der Iran, mit verdeckten Mitteln Revolutionsexport betreiben oder die, wie Syrien oder der Irak, unterhalb der Schwelle eines Krieges die Revision der bestehenden politischen Verhältnisse anstreben. Obendrein lassen sich mit Hilfe von Terrorgruppen unliebsame Oppositionelle im Exil beseitigen. Dass das irakische Regime spätestens seit der Machtübernahme Saddam Husseins einer solchen Politik huldigte, war im Westen bekannt[12] und ist keine neue Erkenntnis im Gefolge der Anschläge vom 11. September und des *War against Terror*.

Freilich hatte – und das geht in den amerikanischen Anschuldigungen zumeist unter – die irakische Unterstützung terroristischer Gruppen nichts mit jenen netzförmigen Terrororganisationen zu tun, die seit Mitte der 90er Jahre in zunehmendem Maße Gewaltaktionen gegen die USA ausführten, deren vorläufiger Höhepunkt der Doppelanschlag vom 11. September gewesen ist.[13] Der Irak unterstützte Terrororganisationen wie die Abu Nidals, die sich operativ an der Leine des Geheimdienstes führen ließen, weil sie von ihm logistisch abhängig waren. Von den staatlichen Geheimdiensten erhielten diese Gruppen nämlich Geld, Papiere und Waffen sowie nicht selten auch die Aufträge, die sie gleichsam als verlängerter Arm des jeweiligen Dienstes ausführten.[14] Im Stile von Auftragskillern oder Terrorsöldnern beglichen sie die in Anspruch genommene Staatsunterstützung mit der Exekution von Regimegegnern oder mit Anschlägen, die im Interesse des jeweiligen Regimes lagen. Ohne den permanenten Rückgriff auf die Logistik einiger Staaten hätte der internationale Terrorismus der 70er und 80er Jahre nicht entstehen und nicht bestehen können. Gleichwohl waren die von dieser Art des Terrorismus ausgehenden Bedrohungen überschaubar, und die Organisationen hielten sich, von einigen Ausnahmen – wie dem Anschlag auf Pan-Am-Flug Nr. 103 über Lockerbie im Dezember 1988 – abgesehen, an gewisse Regeln und Grenzen. Dazu gehörte vor allem der Verzicht auf den Einsatz von Massenvernichtungswaffen, sodass es bis Mitte der 90er Jahre feste

Überzeugung der Terrorismusanalytiker war, Sprengstoff und Schusswaffen seien nicht nur die typischen, sondern auch die ausschließlichen Waffen des Terrorismus.[15] Das wurde als eine letzten Endes beherrschbare Situation wahrgenommen. Nur wenn, wie im Falle des Lockerbie-Anschlags, ein bestimmter Punkt überschritten wurde, wurden die so genannten Schurkenstaaten durch exemplarische Gegengewalt bestraft und in ihre Grenzen gewiesen.[16] Ansonsten ließ man sie gewähren. Das ist bei Terrororganisationen wie al-Qaida grundsätzlich anders. Ihre gefährliche Unberechenbarkeit erwächst nicht zuletzt daraus, dass sie sich vom Gängelband der staatlichen Geheimdienste befreit haben und auf einer eigenständigen, von keinem Staat kontrollierten Logistik beruhen. Diese neuen Formen des internationalen Terrorismus gründen sich auf die globalisierten Ströme von Waren und Dienstleistungen, Menschen und Informationen, in die sie ihre Versorgungssysteme wie ihre Gewaltoperationen eingelagert haben. «Karitative» Organisationen und private Spender, insbesondere aus dem arabischen Raum, sind an die Stelle der staatlichen Geheimdienste als logistische Basen des Terrorismus getreten. Und das hat zur Folge, dass Anschläge und Attentate zu einer Art Verwendungsnachweis für eingegangene Spenden und zugleich zum Aufruf für neue Spenden geworden sind. Die Unberechenbarkeit von al-Qaida, ihre operative Flexibilität, die logistische Belastbarkeit und nicht zuletzt die offenbar geringen Chancen, sie mit Informanten zu infiltrieren, sind ohne ihre Unabhängigkeit von staatlichen Geheimdiensten nicht denkbar. Wäre al-Qaida eine an der Kette staatlicher Geheimdienste geführte Terrororganisation, dann hätten die Anschläge vom 11. September nicht stattgefunden. Auch wenn sie gelegentlich einen anderen Eindruck erwecken – die klügeren Köpfe der US-Administration sind mit diesen Unterschieden zwischen älteren und jüngeren Formen des Terrorismus vertraut und wissen sehr genau, dass bei der unmittelbaren Bekämpfung und Zerschlagung von al-Qaida eher Saudi-Arabien als der Irak das Problem darstellt. Es sind nämlich vor allem reiche Saudis sowie vermögende Staatsangehörige der anderen Golfmonarchien, die ihrer aus den Geschäften mit dem Westen erwachsenden Gewissensnöte und ihrer kulturellen Marginalisierungsängste dadurch Herr zu werden versuchen, dass sie dem Terrornetzwerk al-Qaida über allerlei undurchschaubare Kanäle beträchtliche Summen zukommen lassen, damit es seinen Kampf gegen den Westen im Allgemeinen und die USA im Besonderen weiterführen kann.

Exemplarisch dafür ist eine Anekdote, die der französische Politikwissenschaftler und Islamexperte Gilles Kepel zu erzählen weiß. Ende der 90er Jahre habe ihm ein junger Saudi aus Dschidda, einer für saudische Verhältnisse relativ weltoffenen Hafenstadt am Roten Meer, Folgendes anvertraut: «Sein Vater, ein liberaler Mann, der Whiskey schätzte und Reisen nach Europa, hatte niemals Sympathien für die Religiösen bekundet. Als er spürte, wie seine Kräfte nachließen, rief er seine Kinder zusammen, um ihnen mitzuteilen, was er in seinem Testament verfügt hatte – und eröffnete ihnen, dass er beabsichtigte, einen Teil seines Vermögens bin Laden zu vermachen. Zur größten Verblüffung seiner Nachkommenschaft erklärte er, dass allein bin Laden noch die Ehre des Landes verteidige, das in seinen Augen zu einem Protektorat Amerikas verkommen sei.»[17]

Nicht Saddam Husseins Pläne für eine irakische Hegemonie am Golf sind mit Blick auf die neuen Formen des Terrorismus also das Problem, sondern viel eher das Unbehagen der unteren Ober- und oberen Mittelschicht in den konservativen Golfmonarchien an der unaufhaltsam wachsenden politischen wie kulturellen Dominanz Amerikas in der Region. Aus diesem politisch-kulturellen Unbehagen und den entsprechenden Schuldgefühlen finanziert sich al-Qaida. Und aus dem Hass gegen die USA, in den das Unbehagen in der zweiten und dritten Generation umschlagen kann, rekrutiert das Terrornetzwerk seine Kämpfer. Die Infrastrukturen des neuen Terrorismus lassen sich durch eine Militäroperation gegen den Irak und einen von den USA erzwungenen Regimewechsel in Bagdad nicht zerschlagen. Es ist im Gegenteil davon auszugehen, dass al-Qaida im Gefolge des Dritten Golfkrieges Finanzmittel und Kämpfer in erhöhtem Maße zufließen werden.

So war den US-Geheimdiensten im Vorfeld des Golfkrieges sehr wohl bekannt, dass sich al-Qaida von einem amerikanischen Militärschlag gegen den Irak eine tief greifende Mobilisierung der arabischen Jugend für den Kampf gegen die USA erhoffte, und es war auch klar, dass dies in einem umso größeren Maße der Fall sein würde, je länger der Krieg dauerte. Darum lautete eine der politischen Vorgaben für die US-Militärstrategie, den Krieg gegen den Irak nicht nur mit möglichst geringen Verlusten zu führen, sondern ihn auch nach möglichst kurzer Zeit erfolgreich abzuschließen. Auch für Außenstehende ist leicht zu erkennen, dass diese beiden Aufforderungen der Politik sich in der operativen Planung des Krieges nicht ohne weiteres vereinbaren lassen. Es war also eine der interessanten Fragen vor Kriegsbeginn, welchem der beiden politischen Imperative die US-Strategie stärker folgen werde: dem innenpolitischen der Vermeidung oder doch Minimierung eigener Opfer oder dem sicherheitspolitischen, die Kriegsziele so schnell wie möglich zu erreichen.

Wenn die vermutete Existenz von Massenvernichtungswaffen und die angebliche Unterstützung des internationalen Terrorismus kaum den Ausschlag für einen politisch wie militärisch so riskanten Krieg gegen den Irak gegeben haben können – wo liegen dann die Gründe und Motive der US-Administration für den Dritten Golfkrieg?

Eine Reihe von Beobachtern glaubt ein unvorhersehbares Schwanken als das hervorstechende Charakteristikum der US-Politik am Golf ausgemacht zu haben. Dieses Schwanken zeige sich gerade in der Politik gegenüber dem Irak, den man während des Ersten Golfkrieges unterstützt und massiv aufgerüstet habe, um ihn dann im Zweiten und Dritten Golfkrieg mit politisch wie ökonomisch überaus kostspieligen Militäroperationen wieder zu entwaffnen. Der Aufbau der US-Hegemonie am Golf erscheint in dieser Sichtweise als Abfolge von Unbedachtheiten und Maßnahmen ohne langfristige Perspektive, sodass die Vermutung nahe liegt, der Dritte Golfkrieg habe als Ursache bloß ein hastiges, stärker auf militärische Optionen als auf politische Programme setzendes Agieren, bei dem sich ein Teil der US-Administration, namentlich Verteidigungsminister Donald Rumsfeld, sein Stellvertreter Paul Wolfowitz und deren Berater Richard Perle, gegen den anderen, «vernünftigeren» Teil der Administration durchgesetzt habe. Es findet sich auch die Vorstellung, George W. Bush habe das von seinem Vater im Amt des Präsidenten begonnene Werk der Niederringung Saddam Husseins nunmehr zu Ende bringen wollen. All dies läuft im Ergebnis auf die Annahme hinaus, dass die US-Administration in der Golfpolitik keine klare Konzeption und Marschroute gehabt habe und auch heute noch nicht habe, sondern von zufälligen Konstellationen und persönlichen Präferenzen abhängig sei. Nun ist das prinzipiell nicht auszuschließen, aber von allen Überlegungen bezüglich der Gründe und Motive der US-Politik am Golf ist diese Variante zwar besonders besorgniserregend, aber am wenigsten plausibel.

Fast beruhigend nehmen sich dagegen die Theorien aus, die im Aufbau der US-Hegemonie am Golf einen weiteren Schritt bei der Durchsetzung der weltweiten imperialen Herrschaft der USA sehen.[18] Tatsächlich ist die US-Politik im Mittleren Osten, seit die Vereinigten Staaten Großbritannien als Hegemonialmacht in der Region abgelöst haben, durch drei strategische Ziele bestimmt worden: die Eindämmung des sowjetischen Einflusses[19], die nach dem Zusammenbruch der Sowjetunion durch die Herstellung einer regionalen Stabilität abgelöst worden ist; daneben die Sicherung des freien Zugangs zum Erdöl, die alles in allem stärker im weltwirtschaftlichen als im spezifisch US-amerikanischen Interesse liegt[20]; und schließlich die Garantie der Sicherheit des Staates Israel.[21]

Es sollte in diesem Zusammenhang festgehalten werden, dass

die USA eine größere militärische Präsenz am Golf keineswegs angestrebt haben, sondern durch eine Abfolge äußerer Faktoren in diese Position gewissermaßen hineingenötigt worden sind. So haben sich die USA nach einer längeren Periode indirekter Einflussnahme seit Mitte der 80er Jahre auf Grund einer zunehmenden Destabilisierung der Region nach der iranischen Revolution und dem drohenden militärischen Zusammenbruch des Irak im Krieg gegen den Iran zum Aufbau militärischer Interventionskapazitäten in der Region gezwungen gesehen. Zuvor hatte sich der zeitweilig unternommene Versuch, die Golfregion durch eine Klientelbeziehung zum Irak zu stabilisieren, angesichts der unberechenbaren Politik Saddam Husseins als wenig erfolgversprechend erwiesen, und Saudi-Arabien war weder an politischem Einfluss noch an militärischer Macht stark genug, um diese Rolle dauerhaft übernehmen zu können. Das größte Problem der amerikanischen Golfpolitik ist bis heute, dass sie keinen Ersatz für den 1979 verlorenen Iran als regionalen Stabilitätsgaranten gefunden hat und infolgedessen eigene direkte Herrschafts- und Kontrollmechanismen aufbauen musste: zunächst durch die Verlegung größerer Flottenverbände in den Persischen Golf, sodann durch den Ausbau von Stützpunkten für Luftstreitkräfte und schließlich durch die Stationierung von Landstreitkräften in der gesamten Region.

Die damit verbundene dauerhafte Präsenz des US-Militärs auf der arabischen Halbinsel hat jedoch zu einer wachsenden Ablehnung der USA in der Golfregion und der gesamten arabisch-islamischen Welt geführt. So war eine der Begründungen für die von Osama bin Laden gesteuerte Terroroffensive gegen die USA die Anwesenheit amerikanischer Soldaten (und Soldatinnen!) in der Umgebung der heiligen Stätten des Islam. Es dürfte darum eindeutig im Interesse der USA liegen, die Art ihrer Hegemonie im Vorderen Orient wieder von direkten auf strukturelle Kontrollelemente umzustellen, wenn sie sich nicht auf eine langfristige Militärpräsenz am Golf mit der Aussicht auf eine permanente Gefährdung durch Terroranschläge einrichten wollen.[22]

Dazu müssten freilich zunächst einmal alle gravierenden militärischen Bedrohungen in der Region beseitigt und zudem politische Interessen und soziale Trägergruppen herausgebildet werden, die denen der amerikanischen Hegemonialmacht strukturell ähnlich sind. Es gilt also, über die Vernichtung der irakischen Massenvernichtungswaffen hinaus eine nennenswerte und zuverlässige Reduzierung des irakischen Militärapparates anzustreben[23], nachdem die Voraussetzung dafür geschaffen ist, nämlich der Sturz Saddam Husseins sowie der gesamten irakischen Führung. Nicht bloß Saddam Hussein, sondern die gesamte 1968 an die Macht gekommene Baath-Partei, zumindest aber deren nationalistischer Flügel, müssten dann von den Schalthebeln der Politik entfernt und durch ein stärker an innerem Wohlstand als äußerer Expansion orientiertes Prosperitätsregime ersetzt werden.

Der amerikanische Weg in den Dritten Golfkrieg war so gesehen dann ein Beitrag zu dem Projekt, am Golf auf mittlere Sicht Verhältnisse herzustellen, die eine dauerhafte Reduzierung der amerikanischen Militärpräsenz erlauben. Dabei kann zunächst dahingestellt bleiben, ob dieser Plan erfolgversprechend oder zum Scheitern verurteilt ist. Sollten die Motive und Antriebe der US-Politik richtig erfasst sein, so heißt dies freilich auch, dass die mit großem politischem Aufwand betriebene und von noch größerer publizistischer Aufmerksamkeit verfolgte Rückkehr der UN-Inspektoren in den Irak nichts als ein legitimatorisches Begleitmanöver war, das die eigentlichen Ziele und Absichten der amerikanischen Politik am Golf absichern sollte.

Ein in der öffentlichen Diskussion zumeist übersehener Faktor hat den Zeitkorridor, der den USA für eine grundlegende Veränderung der Konstellationen am Golf zur Verfügung stand, immer enger werden lassen: die humanitäre Katastrophe, die durch das seit dem Ende des Zweiten Golfkrieges über den Irak verhängte Sanktionsregime im Land verursacht worden ist.[24] Unabhängig von der genauen Zahl der verhungerten irakischen Kinder infolge der sich rapide verschlechternden Ernährungslage – das Erscheinungsbild der USA hat dadurch auch in den proamerikanisch orientierten Kreisen der arabischen Welt schweren Schaden genommen. Zweifellos sind die humanitären Folgen des von den USA und Großbritannien aufrechterhaltenen Sanktionsregimes der Vereinten Nationen selbst Bestandteil der politischen Propaganda, und Saddam Hussein hat keine Gelegenheit ungenutzt verstreichen lassen, die dramatisch angestiegene Kindersterblichkeit im Irak als ein Element des amerikanischen Vernichtungskrieges gegen sein unbeugsames Volk darzustellen. Im Zusammenhang damit dürften die Auswirkungen der Sanktionen wahrscheinlich übertrieben und entsprechende Zahlen gefälscht worden sein. Das ändert freilich nichts daran, dass es die humanitäre Katastrophe im Irak gibt und die Menschen seit mehr als einem Jahrzehnt unter ihr leiden.

In Abwehr dieser Vorwürfe haben Amerikaner und Briten versucht, die humanitären Folgen der Sanktionen als Resultat der Verweigerungspolitik des Regimes darzustellen, das zuletzt alle angebotenen Erleichterungen in Erweiterung des Programms *Food for Oil* abgelehnt und auf der Rückgabe der vollen Souveränität an den Irak bestanden hat. Saddam Hussein habe die Bevölkerung des Irak, insbesondere Kinder und ältere Menschen, zur Geisel gemacht, um mit dem demonstrativen Vorzeigen ihres Leidens wieder die volle politische Verfügung über die Erdöleinnahmen seines Landes zu erlangen. Dieser Gegenvorwurf lässt sich dadurch konkretisieren, dass die Not der irakischen Bevölkerung ein unbeabsichtigter Effekt der UN-Wirtschaftssanktionen gewesen ist, während Saddam Hussein, der sie durch eine Änderung seiner Politik umgehend hätte beenden können, sie absichtlich vergrößert und verlängert hat, um sie als propagandistisches Instrument gegen den Westen und insbesondere die USA einzusetzen.

Tatsächlich hat der Irak in den letzten Jahren die ihm für den Ankauf von Lebensmitteln von der UN-Sanktionskommission bewilligten Mittel nicht voll in Anspruch genommen. Aber selbst dort, wo diese Argumentation nachvollzogen wird, verbessert sie das schlechte Erscheinungsbild der USA nicht entscheidend: Das Image eines Diktators wird durch das von ihm verursachte Leid eben deutlich weniger beschädigt als das reicher Demokratien, die mit dem Anspruch Politik betreiben, weltweit für die Menschenrechte einzutreten und die Lebensbedingungen der Menschen verbessern zu wollen.

Andererseits konnten die USA auf die irakische Propagandaoffensive (wobei Not und Elend der Menschen keineswegs nur in der Propaganda existierten) nicht damit antworten, dass sie – wie von den Irakis verlangt – die Wirtschaftssanktionen zur Gänze aufhoben beziehungsweise einschlägigen Initiativen Russlands und Chinas im Weltsicherheitsrat ihre Zustimmung gaben. Dass es sich dabei um das Eingeständnis einer politischen Niederlage gehandelt hätte, wäre noch zu verkraften gewesen. Viel folgenreicher für die internationale Politik jedoch wäre der daraus erwachsende Lerneffekt gewesen: dass ein Regime von der Staatengemeinschaft verhängte Sanktionen dann durchstehen kann, wenn es die Folgen gegen die eigene Bevölkerung lenkt und deren Leiden anschließend öffentlichkeitswirksam gegen die Urheber und Verantwortlichen der Sanktionen in Szene setzt. Die uneingeschränkte Aufhebung der Wirtschaftssanktionen gegen den Irak wäre dem Eingeständnis gleichgekommen, dass eine auf nichtmilitärische Optionen setzende Weltgemeinschaft gegen Regime mit brutalem Durchsetzungswillen politisch chancenlos ist. Die Konsequenz dieses Eingeständnisses wäre entweder die Prämierung politischer Brutalität oder der weitgehende Verzicht auf alle nichtmilitärischen Optionen bei der Sanktionierung von Regimen gewesen, die das Völkerrecht brechen und nicht kooperationswillig sind.

Neben diese wenig wünschenswerten Lerneffekte wäre ein

weiteres Problem getreten: Bei einer vorbehaltlosen Aufhebung der Wirtschaftssanktionen wären auch alle dem Irak auferlegten Begrenzungen seiner Wiederaufrüstung hinfällig geworden. Bei allen unbeabsichtigten Auswirkungen, die die Wirtschaftssanktionen auf die Zivilbevölkerung gehabt haben, ist nämlich auch festzuhalten, dass vor allem die Verbindung von Rüstungsembargo und Wirtschaftssanktionen den Irak nach 1991 an einer schnellen Wiederaufrüstung gehindert hat.[25] Die Fortsetzung des Rüstungsembargos ohne UN-Kontrolle der irakischen Erdöleinnahmen, wie sie durch die Wirtschaftssanktionen der UN geregelt waren, hätte wohl einer Neuausstattung der Armee mit konventionellen Waffensystemen Grenzen gesetzt. Aber das hätte die irakischen Rüstungsanstrengungen gerade in die Richtung von Massenvernichtungswaffen gelenkt, insofern diese fast durchweg mit so genannten *Dual-use*-Gütern hergestellt werden, deren Einfuhr nicht durch ein Rüstungsembargo, sondern nur durch eine strikte Importkontrolle verhindert werden kann. Und schließlich wäre durch eine Aufhebung der Wirtschaftssanktionen die im Irak verbreitete Auffassung bestärkt worden, das Land könne aus eigener Kraft seine Hegemonialposition in der Region zurückgewinnen, die ihm zu Beginn der 90er Jahre durch eine Verschwörung von Kuwaitern, Amerikanern und Zionisten geraubt worden sei.[26] Dies hätte dann zwangsläufig eine Festschreibung der amerikanischen Militärpräsenz am Golf zur Folge gehabt.

Es kommt hinzu, dass sich die Aufrechterhaltung der Flugverbotszonen im Süd- und Nordirak nach Aufhebung der Wirtschaftssanktionen nur schwer hätte begründen lassen. Sie wäre erst recht als pure Willkür der USA und ihres Verbündeten Großbritannien erschienen. Wenn man schon auf den Imageeffekt einer Aufhebung der Wirtschaftssanktionen hätte setzen wollen, dann wäre es politisch widersinnig gewesen, dessen positive Wirkungen in der arabischen Welt durch die Aufrechterhaltung der Flugverbotszonen und die unweigerlich damit verbundenen Angriffe auf irakische Luftabwehrstellungen zu konterkarieren.

Wer in der Frage der Wirtschaftssanktionen nachgegeben hätte, hätte also keinerlei Begründung gehabt, bei den Flugverbotszonen unnachgiebig zu bleiben. Die Aufhebung der Flugverbotszonen aber wäre mit dem Ende der politischen Zwei- beziehungsweise Dreiteilung des Irak gleichbedeutend gewesen, denn die Zentralgewalt in Bagdad hätte dann zweifellos die volle Kontrolle im Süden und vor allem im Norden des Landes wieder hergestellt. Die Einrichtung der Flugverbotszonen im Anschluss an den Waffenstillstand von Ende Februar 1991 hatte nämlich dazu geführt, dass sich im Süden des Landes nach schiitischen Aufständen und deren Niederschlagung ein permanenter militärischer Belagerungszustand entwickelt hatte, der erhebliche Kräfte des Regimes band, während es im Norden zu einer Quasiautonomie der Kurdengebiete gekommen war. Nach einer Aufhebung der nördlichen Flugverbotszone wäre die irakische Armee in die Kurdengebiete eingerückt. Dies wäre kaum ohne größere Kampfhandlungen abgegangen, an deren Ende die kurdische Autonomie zusammengebrochen wäre. Die Folge wären kurdische Flüchtlingsströme vor allem in die Türkei, aber auch nach Europa gewesen – ein heikler, kaum erwünschter Effekt dieser politischen Option.

Die amerikanische Irakpolitik war also in ein Dilemma geraten, in dem jeder Ausweg aus dem Status quo ebenfalls mit einer Fülle von Problemen und unerwünschten Effekten gepflastert war. In dieser Situation schien die militärische Option schließlich noch der gangbarste Weg zu sein. Der entscheidende Grund für die amerikanische Kriegspolitik am Golf war danach die Abwesenheit attraktiver Alternativen.

Und welche Rolle spielte bei alledem das Erdöl? Es wäre sicherlich falsch, den am Golf lagernden Erdölreserven keinerlei Bedeutung für die US-Politik zuzumessen, aber es ist zumindest genauso falsch, die Politik des Westens und insbesondere der USA allein aus dem Umstand abzuleiten, dass etwa 65 Prozent der Weltenergievorräte am Golf lagern. Auf längere Sicht stellt das Erdöl des arabisch-persischen Raumes nämlich eher für die Produzenten als für die Verbraucherländer ein Problem dar, zumal nach der etwa fünfzigfachen Erhöhung der Erdöleinnahmen, wie sie seit dem Beginn der 70er Jahre stattgefunden hat.[27] Tatsächlich war vor der so genannten Erdölrevolution, als der Preis pro Barrel noch weniger als zwei Dollar betrug, die strategische Macht der Erdöl produzierenden Länder gegenüber dem Westen sehr viel größer als bald danach. Die gewaltigen Kapitalströme, die seit 1973 in den arabischen Raum geflossen sind, haben die dortigen Staaten innerhalb kürzester Zeit von diesen Renteneinnahmen abhängig gemacht, sodass sie mit den sinkenden Erdölpreisen Anfang der 80er Jahre in erhebliche soziopolitische wie wirtschaftliche Schwierigkeiten gerieten. So hat, zumindest mittelbar, in der Vorgeschichte des Zweiten Golfkrieges die Bewegung der Erdölpreise eher den Irak zu einer expansiv-aggressiven Politik veranlasst, als dass solches sich für die USA konstatieren ließe.

Während in den bevölkerungsschwachen Golfmonarchien die explosionsartig angewachsenen Einnahmen aus der Erdölförderung zu einem erheblichen Teil in die Finanzierung von Luxusgütern und Prestigeobjekten sowie in Nepotismus und Korruption flossen, hat das im Irak herrschende Baath-Regime, ähnlich wie das Schahregime im Iran, einen Teil dieser Einnahmen in die soziale Infrastruktur des Landes und den anderen Teil in den Ausbau des Militärapparats investiert. Infolgedessen setzte eine überaus dynamische sozioökonomische Entwicklung ein, die den Irak innerhalb eines Jahrzehnts zu einem der aussichtsreichsten Schwellenländer der Dritten Welt werden ließ.[28] Gleichzeitig hat der Irak in dieser Periode eine militärische Kraft angesammelt, die eine kriegerische Konfrontation mit einem der Nachbarländer ziemlich wahrscheinlich erscheinen ließ.[29] Als dann zu Be-

ginn der 80er Jahre die Öleinnahmen über mehrere Jahre kontinuierlich sanken, der Irak aber aufgrund des Krieges gegen den
Iran die Staatsausgaben nicht senken konnte, geriet das Land in
eine Verschuldungsfalle, was den späteren Überfall auf Kuwait
entscheidend motiviert hat.[30]

Hinsichtlich des Dritten Golfkrieges hat das Erdöl ebenfalls
eine Rolle gespielt, weil die aus seinem Verkauf zu beziehenden
Einnahmen dem Irak eine rasche Wiederaufrüstung erlaubt hätten. Und diese Perspektive dürfte den Entscheidungsprozess der
USA sehr viel stärker beeinflusst haben als die vorgebliche Absicht, sich mit militärischen Mitteln in den Besitz des irakischen
Erdöls zu bringen oder doch wenigstens die Kontrolle darüber
zu erlangen.

In der Regel freilich ist der Hinweis auf das Erdöl im Zusammenhang mit den Golfkriegen als – in die Parole «Kein Blut für
Öl» gefasste – Kritik an der US-amerikanischen Politik gemeint.
Ihr wird vorgeworfen, die militärische Präsenz am Golf allein
zum Zwecke der Verfügung über das Erdöl aufgebaut zu haben.
Ginge es jedoch bloß darum, den Weltmarktpreis für Erdöl zu
drücken, so wäre dies durch die Beendigung der gegen den Irak
verhängten Sanktionen schneller und billiger zu erreichen gewesen als durch einen Krieg. Schließlich waren es nicht zuletzt die
sich seit dem Sommer 2002 zuspitzenden amerikanischen Drohungen gegen den Irak, die den Ölpreis schrittweise in die Höhe
trieben, und man kann davon ausgehen, dass eine Politik der
Deeskalation, verbunden mit der Aussicht auf eine baldige Wiedereinsetzung des Irak in die Rechte eines souveränen Staates,
zu einem Rückgang des Ölpreises geführt hätte. Ein sinkender
Ölpreis wäre ob seiner Effekte für die weltwirtschaftliche Konjunktur den USA, aber auch den Ökonomien der OECD-Welt
insgesamt zupass gekommen. So häufig und nachdrücklich die
Vermutung, es sei das Öl, das die amerikanische Politik am Golf
antreibe und steuere, auch geäußert wird, so spärlich und dürftig sind die Argumente dafür, warum dies bei rationalen, ihre

eigenen Interessen konsequent verfolgenden Akteuren der Fall sein soll.

Will man unbedingt eine Verbindung zwischen der amerikanischen Kriegspolitik und den Interessen der großen Erdölkonzerne herstellen, so ließe sich der Zusammenhang von Krieg und Ölpreis auch ins genaue Gegenteil verkehren: Die USA führten dann Krieg am Golf, um den Ölpreis in die Höhe zu treiben und so die Renditen für amerikanisches Öl zu erhöhen. Da eine Reihe von maßgeblichen Mitgliedern der Bush-Administration aus dem Ölgeschäft kommt, würden sie auf diese Weise ihr privates Vermögen gehörig vermehren. Der nicht unbeträchtliche Nebeneffekt hoher Erdölpreise, so diese Argumentation weiter, bestehe schließlich darin, dass sie die weltwirtschaftlichen Konkurrenten der USA, nämlich Europa und Japan, erheblich empfindlicher träfen und so die amerikanische Wettbewerbsposition verbesserten. Diese durchaus listige Argumentation bricht freilich spätestens dann zusammen, wenn man die größtenteils von den USA zu tragenden Kosten der Kriegführung gegen den Irak den aus den wachsenden Einnahmen der Erdölländer finanzierten Importen westlicher Wirtschaftsgüter gegenüberstellt: die nämlich kommen, legt man die Handelsbilanzen der letzten Jahre zugrunde, zum überwiegenden Teil Westeuropa und Japan zugute. Die USA würden, sollten sie dieser Öl-Kriegs-Rechnung folgen, erheblich höhere Ausgaben als Einnahmen haben. Man wird annehmen dürfen, dass Politikern wie Bush und Cheney dies nur zu gut bekannt ist. Um es zu pointieren: Sie haben eine Kriegspolitik gegen den Irak betrieben, nicht *weil*, sondern *obwohl* sie aus dem Ölgeschäft kommen.

Tatsächlich hat im Falle des Zweiten und Dritten Golfkrieges die in der griffigen Parole «Kein Blut für Öl» zugespitzte Ideologiekritik ihre Überzeugungskraft mehr aus dem Gestus denn aus der Argumentation geschöpft. Und die Suggestion des Gestus speist sich offenbar im Wesentlichen aus der Vorstellung, dass, wer Ge-

49

walt einzusetzen bereit ist, dies um der Mehrung seines Reichtums willen tut. Doch wenn das, wie hier nahe gelegt, nicht der Fall ist, was hat die US-Administration dann veranlasst, das nicht unerhebliche politische wie militärische Risiko eines weiteren Waffengangs mit dem Irak auf sich zu nehmen? Anstelle des auf ökonomische Interessen fixierten ideologiekritischen Reflexes könnte es angezeigt sein, längerfristige politische Interessen der USA sowie der gesamten OECD-Welt in Augenschein zu nehmen, die eine neuerliche militärische Auseinandersetzung am Golf als Problemlösung nachvollziehbar erscheinen lassen. Diese Interessen müssen nicht unbedingt in dem vermuteten irakischen Zugriff auf Massenvernichtungswaffen und ebenso wenig in der angeblichen Verbindung des Regimes mit dem Terrornetzwerk al-Qaida liegen, sondern können auch in ganz anderer Richtung zu suchen sein: etwa in dem Interesse der USA, in der Golfregion nicht bloß ein seit langem vorhandenes Bedrohungspotenzial zum Verschwinden zu bringen, sondern hier ein stabiles Prosperitätsregime zu installieren, das auf die gesamte Region positiv ausstrahlt.

Ein solches Prosperitätsregime wäre im Unterschied zum bestehenden Regime Saddam Husseins dadurch gekennzeichnet,

▷ dass es sich auf die Wiederherstellung der zivilen Produktionsanlagen sowie der Infrastruktur des Landes konzentriert, also darauf verzichtet, einen erheblichen Teil der aus dem Erdölexport gewonnenen Einnahmen für Aufbau und Unterhaltung des militärischen Apparats zu verausgaben, diese Mittel vielmehr in den Ausbau des Verkehrswesens, der Energieversorgung sowie des Gesundheits- und Bildungssystems investiert und die danach noch verfügbaren Gelder zwecks Anhebung des Konsumniveaus verteilt;

▷ dass es für die Regenerierung der mittleren Schichten des Landes sorgt, um einen Mittelstand hervorzubringen, der als

Bindeglied zwischen Staat und Gesellschaft und als Rekrutie-
rungsbecken der zukünftigen politischen Elite fungieren kann,
nicht zuletzt mit dem Ziel, auf diese Weise einer weiteren eth-
nischen und konfessionellen Spaltung des Landes entgegen-
zuwirken;

▷ dass es vor allem diejenigen Kräfte stärkt, die an einem inte-
gralen Fortbestand des Irak bei gleichzeitigem Verzicht auf
äußere Expansion interessiert sind und dabei auf eine vorwie-
gend säkulare Politiktradition setzen, die somit für religiös-
fundamentalistische Tendenzen nicht anfällig sind;

▷ dass es für längere Zeit auf eine demokratische Legitimation
der politischen Ordnung und die zugehörige Auswahl der Eliten verzichtet, da die ethnische und konfessionelle Zerklüftung
des Landes im Augenblick zu groß ist, als dass eine grundlegende Demokratisierung ohne Gefährdung der staatlichen Integrität möglich wäre. Gleichwohl muss auf längere Sicht die
Demokratisierung des Landes das Ziel des Entwicklungspro-
zesses bleiben. Dieser bedarf also einer Überwachung und
Steuerung durch eine intelligent austarierte Kombination von
äußerer und innerer Kontrolle. Durch eine dosierte Partizipation der mittleren Schichten ist sicherzustellen, dass die Wohl-
standsinteressen gegenüber erneuten militärischen Expan-
sionsneigungen das Übergewicht behalten.[31]

Die erste große Aufgabe eines solchen Prosperitätsregimes dürfte
darin bestehen, jenes Entwicklungsniveau wieder zu erreichen,
das der Irak Ende der 70er Jahre besessen hat. Während des acht
Jahre dauernden Ersten Golfkrieges, aber auch unter dem mehr
als zehnjährigen Sanktionsregime der Vereinten Nationen ist das
Ausbildungsniveau der Bevölkerung gesunken. Die im arabischen
Raum am stärksten ausgeprägte Orientierung an säkularen Wer-
ten ist zurückgegangen, und es hat sich eine allgemeine Feudali-

sierung der politischen Strukturen durchgesetzt[32], die rückgängig gemacht werden muss, wenn die Gefahr eines Bürgerkrieges um die Verteilung der Prosperitätsressourcen vermieden werden soll. Für manche Beobachter haben solche Formen des *political engineering* eher den Charakter von Allmachtsphantasien, als dass in ihnen realistische politische Zielvorstellungen zum Ausdruck kommen. Sie sehen eher das Risiko des Scheiterns als die Chance des Gelingens. Eines freilich wird man festhalten müssen: In der politischen Logik eines Imperiums, wie es die USA darstellen, sind Projekte dieses Zuschnitts erheblich plausibler als in der Vorstellungswelt von Staaten mittlerer Größe. Die Differenzen zwischen den USA und Europa, wie sie jüngst gerade in der Irakpolitik zu Tage getreten sind, haben darin eine ihrer Wurzeln.

3 Der Fluch des Öls

Eine weltpolitische Krisenregion: Wie die arabisch-
islamische Welt und der Irak sich selbst blockieren

In keiner Region sind in der zweiten Hälfte des 20. Jahrhunderts
so viele Kriege geführt worden wie im Vorderen Orient. Dies und
die Kaufkraft seiner Staaten haben zur Folge, dass sich hier auch
der größte Absatzmarkt für moderne und teure Waffen findet.
Gleichzeitig ist die seit 1989/90 zu beobachtende Demokratisierung der Staaten hier kaum in Gang gekommen. Stattdessen ist
die Region zu einem *hotbed* immer neuer Taktiken des Terrorismus geworden, der nicht erst seit den Anschlägen vom 11. September 2001 weit über sein Herkunftsgebiet hinausgreift. Reichtum und Überfluss sowie Armut und Elend liegen im Vorderen
Orient eng beieinander, und die sozialen Spannungen werden
von den Regimen zumeist kaum bearbeitet, sondern nach außen
abgelenkt.

Extrem hohe Wachstumsraten der Bevölkerung, starke Land-
flucht und eine unkontrollierte Verstädterung, ein eher niedriger
Bildungsgrad, schwerfällige und ineffiziente Bürokratien, hohe
Handelsbilanzdefizite sowie eine geringe Diversifizierung der Ex-
porte haben die Region zu einem sozialen und politischen Pulverfass werden lassen.[1] Mit den zu Beginn der 70er Jahre rapide
gestiegenen Öleinnahmen ist es in vielen Gebieten zu einem
schockartigen Einbruch der Moderne gekommen, durch den traditionelle Orientierungen und Lebensweisen entwertet, aber keine neuen Norm- und Wertmuster ausgebildet worden sind. Die
arabisch-islamische Welt stellt sich als eine Ansammlung blockier-

ter Gesellschaften dar, die kaum in der Lage sind, aus eigener Kraft einen Ausweg aus der Krise zu finden.

Jede politische, wirtschaftliche und insbesondere militärische Initiative in der Region ist mit diesem Ensemble krisenhafter Entwicklungen konfrontiert und wird auf diese Entwicklungen entweder verschärfend oder abschwächend einwirken. Die Schwierigkeit besteht darin, dass meist beides zugleich geschieht. Nicht selten wird dadurch ein Problemlöser zum Problemverschärfer. Das gilt auch und gerade für militärische Interventionen. Während sie, sofern sie erfolgreich sind, tatsächlich manche Probleme zu lösen vermögen, verschärfen sie die krisenhaften Entwicklungen in anderen Bereichen.

Im Falle des Dritten Golfkrieges könnte dies heißen, dass mit dem Regime Saddam Husseins zwar ein für die gesamte Golfregion bedrohlicher Krisenherd zum Verschwinden gebracht wird, gleichzeitig aber durch die verstärkte Präsenz amerikanischer Truppen auf der arabischen Halbinsel und die mit dem Ausgang der Kampfhandlungen verbundene neuerliche Demütigung des arabischen Nationalgefühls das antiwestliche Ressentiment in weiten Kreisen der Bevölkerung anwächst, westliche Orientierungen und Vorbilder dadurch noch stärker in Misskredit geraten und die Netzwerke des Terrors mehr Unterstützung und neuerlichen Zulauf erhalten.

Im Wissen um die beschriebene Problemkonstellation ist die kontroverse Debatte über Sinn und Zweck eines militärisch erzwungenen Regimewechsels im Irak seit dem Sommer 2002 in Westeuropa und Nordamerika geführt worden: Während die Kritiker beziehungsweise Gegner der Kriegshandlungen die damit einhergehenden Krisenverschärfungen herausstellten, haben die Befürworter die mit einem Regimewechsel in Bagdad verbundenen Chancen zur Krisenbearbeitung in der Region betont.[2] Kriegshandlungen sind immer hoch riskant: militärisch, wirtschaftlich, politisch. So muss ein mit militärischer Gewalt durchgesetzter Regimewechsel im Irak schon einen erheblichen politischen Mehrwert aufweisen, um ihn nicht bloß in Erwägung zu ziehen, sondern sich schließlich auch dafür zu entscheiden. Will man die Parteinahmen für eine militärische Intervention gegen den Irak nicht von vornherein als irrational abtun, so ist die Frage zu beantworten, worin der mit dem neuen Golfkrieg verknüpfte politische Mehrwert bestehen soll.

Mit Sicherheit genügt dafür nicht die bloße Beseitigung eines Krisenfaktors, wie ihn das Regime Saddam Husseins zweifellos darstellt. Es müssen darüber hinausgehende Perspektiven vorhanden gewesen sein, um die ungewissen Risiken der Militäraktion und die selbst im Falle ihres Gelingens eintretenden negativen Effekte auf sich zu nehmen. Dieser erhoffte Mehrwert kann nur darin bestehen, dass von dem zu errichtenden Prosperitätsregime im Irak[3] positive Impulse erwartet wurden: namentlich ein entscheidender Beitrag zur Problemlösung in der gesamten Region. Genährt wird diese Erwartung durch die geostrategische Lage des Irak. Ein funktionierendes Prosperitätsregime an Euphrat und Tigris würde nicht nur auf die Golfregion im engeren Sinne ausstrahlen, sondern über den benachbarten Iran hinaus auch auf Afghanistan und Pakistan. Im arabischen Raum von Syrien bis Ägypten könnte es zum Modell dafür avancieren, wie die Entwicklungsblockaden der islamischen Welt zu lösen sind. Zudem könnte es als ein Beispiel dafür dienen, wie man multiethnische und multikonfessionelle Gesellschaften mit den Mitteln ökonomischer Prosperität (anstelle diktatorischer Repression) integrieren und stabilisieren kann.[4]

In der Analyse und Bewertung möglicher Kriegsmotive der USA wird damit eine andere Tiefenstruktur fassbar, als das immer wieder ins Spiel gebrachte ökonomische Interesse an der Kontrolle über die Weltenergievorräte vermuten lässt: Es ist dies der Versuch, die Selbstblockaden der arabisch-islamischen Welt im Falle des Irak beispielhaft für die gesamte Region zu lösen, um einen sich schließlich selbst tragenden Entwicklungsprozess in Gang zu setzen, der ähnliche Ergebnisse zeitigen soll wie die militärische Niederwerfung des Hitlerregimes und die anschließend durch den Marshallplan eingeleitete soziopolitische Stabilisierung Westeuropas. Die von amerikanischen Kommentatoren und Politikern immer wieder geäußerten Vergleiche zwischen Saddam Hussein und Adolf Hitler waren übrigens, wo sie nicht rein propagandistischer Art waren, nicht auf den Hitler des Völkermords, der Kriegsverbrechen und der Ausplünderung Europas bezogen, sondern auf jenen Hitler, der sich mit Wortbruch und Lügen Vorteile verschaffte und dem gegenüber die Westmächte es versäumten, durch rasche Intervention seinem Machtgewinn einen Riegel vorzuschieben. Die in ihnen zum Ausdruck kommende Befürchtung, das militärische Eingreifen könne auch zu spät erfolgen, wird ergänzt durch die Erwartung, dass es nach der Beseitigung des Regimes – ähnlich wie in Europa – zu einer dauerhaften Befriedung der Region kommen werde. Dass aus Militärstaaten Handelsstaaten und aus Militaristen Pazifisten werden können – diese im Europa der 50er und 60er Jahre gemachte Erfahrung hoffen die Planer der amerikanischen Golfpolitik im Falle des Irak wiederholen zu können.

Wir wollen die Auseinandersetzung mit der Tiefenstruktur der US-Politik noch etwas weiter treiben und uns dazu nicht in den Bahnen einer *Ideologiekritik* bewegen, die offenbar nur das Interesse an der Kontrolle über das Erdöl anzuführen vermag, sondern auf eine seit alters bekannte *Machtanalytik* zurückgreifen, die sich mit den Chancen und Risiken, Kosten und Nutzen, verführerischen Versprechen und bitteren Zwängen imperialer Herrschaftsbildung beschäftigt. Paradigma einer solchen Machtanalytik ist die Beschreibung und Analyse des Peloponnesischen Krieges durch den Historiker Thukydides.[5] Von Thukydides stammt die für die spätere Kriegshistoriographie bedeutsame Unterscheidung zwischen «Anlass» und «Ursache», die wohl auch für die Erklärung des Dritten Golfkrieges fruchtbar gemacht werden kann.[6] Die unterschiedlichen Gründe, die von den Parteiungen im 5. Jahrhundert

v. Chr. dafür geltend gemacht wurden, dass die Spartaner sich dazu entschlossen, Athen den Krieg zu erklären – ein kleiner Vertragsbruch hier, ein größerer Übergriff dort –, werden von Thukydides in der Nachschau zu bloßen Anlässen herabgestuft. Entscheidend, so der Historiker nach einer faktengesättigten Analyse der Vorgeschichte, sei die Vorstellung der Spartaner gewesen, dass sie im Bündnis mit dem dynamisch expandierenden Athen auf Dauer immer mehr an Macht und Bedeutung verlieren würden: «Den letzten und wahren Grund, von dem man freilich am wenigsten sprach, sehe ich im Machtzuwachs der Athener, der den Lakedaimoniern Furcht einflößte und sie zum Krieg zwang ...»[7]

Sicherlich wird man Thukydides' Analyseraster nicht bis ins Detail, sondern nur der Tendenz nach auf die Konstellationen des Dritten Golfkrieges übertragen können. Aber es hilft, die US-Politik gegenüber dem Irak leichter nachvollziehbar zu machen, die öffentlich vorgebrachten Kriegsgründe, die Verfügung über Massenvernichtungswaffen und die verdeckte Unterstützung von Terroristen, einmal als bloße Anlässe zu betrachten. Dann wäre «der letzte und wahre Grund, von dem man freilich am wenigsten sprach», in der amerikanischen Befürchtung zu sehen, dass die Verhältnisse am Golf sich ohne Intervention immer weiter zum Argen entwickeln würden, bis sie schließlich auch durch begrenzte Militäraktionen nicht mehr zu stabilisieren wären und die gesamte Region im Chaos versänke. Es ist der prospektive Fortgang der Angelegenheiten unter Friedensbedingungen, der dieser Analytik zufolge eine der beiden Seiten zum Krieg veranlasst. Weil aber dieser eigentliche Kriegsgrund weder vor den Verbündeten noch vor der eigenen Bevölkerung offen ausgesprochen werden kann, ohne dass dadurch die eigene Position erheblich geschwächt würde, muss man zu einer Reihe von Vorwänden Zuflucht nehmen, die in der späteren Rekonstruktion des Krieges dann als Anlässe bezeichnet werden. Die Verfügung über Massenvernichtungswaffen und die Unterstützung des Terrorismus dürften nicht mehr als solche Anlässe gewesen sein.

Wenn dem so ist, dann heißt das freilich auch, dass die Versuche der irakischen Seite, durch Konzessionen und Kompromisse den Krieg zu vermeiden, von vornherein zum Scheitern verurteilt waren. Allenfalls haben sie den Krieg um einige Wochen hinauszuzögern vermocht. Das hat sich im Falle des Irak an der Behandlung der UN-Waffeninspektoren gezeigt: Wäre die Forderung nach ihrer Rückkehr in den Irak für die USA und Großbritannien nicht nur ein bloßer Anlass zur Verschärfung der Kriegsdrohungen gewesen, so hätte mit der irakischen Einwilligung in die Wiederaufnahme der Inspektionen die Kriegsgefahr gebannt sein müssen. Tatsächlich aber wurde von Seiten der USA und ihrer Verbündeten das Forderungsniveau gegenüber dem Irak sogleich erhöht – etwa durch die von US-Präsident Bush vorgenommene Beweislastumkehr, wonach nicht die UN-Inspektoren das Vorhandensein von Massenvernichtungswaffen im Irak zu beweisen hatten, sondern der Irak deren Nichtvorhandensein nachweisen musste. Wahrscheinlich ist diese Entwicklung für die irakische Führung voraussehbar gewesen, und wenn sie überhaupt auf die Forderungen eingegangen ist, dann eher aus Gründen des politischen Images und des Zeitgewinns als in der Erwartung, dadurch den Angriff auf den Irak vermeiden zu können.

In seiner Kriegsursachenanalytik hat Thukydides zugleich beschrieben, welche Reaktionen das politische Spiel der Anlässe bei der unter Druck gesetzten Seite hervorruft. Hierzu hat er dem athenischen Politiker Perikles Worte in den Mund gelegt, wie sie das Entscheiden und Handeln eines jeden Akteurs in dieser Lage bestimmen dürften: «Gebt ihr ihnen hier nach», so Perikles vor der athenischen Volksversammlung mit Blick auf die Forderungen der Gegenseite, «so wird man euch sofort etwas Schwereres auferlegen, in der Meinung, ihr habt auch hier aus Furcht gehorcht; lehnt ihr aber entschieden ab, so werdet ihr ihnen deutlich zu verstehen geben, dass sie mit euch eher von Gleich zu Gleich zu verkehren haben.»[8] Man wird davon ausgehen dürfen, dass in den inneren Führungszirkeln des irakischen Regimes ähnliche Überlegungen angestellt wurden. Nur die gewaltige militärtechnologische Überlegenheit der USA und seine seit dem Zweiten Golfkrieg international schlechte Reputation dürften den Irak zu dem Verzicht bewogen haben, eine solche Position offen zu vertreten.

Was aber hat aus amerikanischer Sicht den Fortgang der Dinge, wie er ohne militärische Intervention zu erwarten gewesen wäre, so bedrohlich erscheinen lassen, dass man eher das Risiko eines weiteren Golfkrieges einging, als in der Beobachterposition zu verbleiben? Nimmt man zu den unvorhersehbaren Risiken eines Waffengangs dessen vorhersehbar hohe Kosten noch hinzu, so müssen es überaus schwer wiegende Befürchtungen gewesen sein, die die US-Administration zu dieser Entscheidung bewogen haben. Die plausibelste Antwort lautet: Es kann dies nur die sich seit Jahren verschärfende Selbstblockade der arabischen Gesellschaften gewesen sein, deren traditionelle Werte und Strukturen gleichzeitig immer mehr zerfallen. Würde diese Selbstblockade nicht endlich in einem Land der Region aufgelöst werden, so würde es dafür bald überall zu spät sein und der gesamte arabische Raum in Gewalt und Chaos versinken, ohne dass von außen noch etwas dagegen unternommen werden könnte. Der Militärschlag gegen den Irak war in der Sicht seiner Befürworter demnach also ein letztes *window of opportunity* vor Eintritt der großen Katastrophe. In den Augen der Kritiker des Militärschlags war er dagegen ein Spiel mit dem Feuer am offenen Pulverfass, das bestenfalls geeignet war, die doch unter allen Umständen zu vermeidende Katastrophe beschleunigt eintreten zu lassen.

Eine der Ursachen für die arabische Selbstblockade ist zweifellos das Erdöl, und das in besonderem Maße seit dem Anstieg der Erdölpreise zu Beginn der 70er Jahre. Im Gefolge der «Erdölrevolution» hat sich im Nahen und Mittleren Osten nämlich ein Typus des Rentiers- beziehungsweise Allokationsstaates herausgebildet, der gesellschaftliche Entwicklungen blockiert und politischen Partizipationsforderungen die Spitze genommen hat.[9] Aufgrund der hohen Einnahmen aus dem Erdölexport sind die, die das jeweilige Land politisch führen, in der Lage, die Staatsaufgaben ohne Steuern finanzieren zu lassen. Darüber hinaus verschaffen die Petrodollars ihnen die Möglichkeit, bestimmte Projekte und gesellschaftliche Gruppen nach eigenem Gusto und entsprechend ihrem politischen Wohlverhalten zu subventionieren. Der Rentiersstaat ist das Gegenmodell zum Steuerstaat, der kollektive Aufgaben und Güter durch Steuererhebung finanziert und den Bürgern im Gegenzug Mitsprache und Mitwirkung in politischen Fragen einräumen muss. Die für die politische Entwicklung Europas und Nordamerikas charakteristischen Prozesse der Verrechtlichung und Demokratisierung der gesellschaftlichen wie politischen Ordnung kommen in Rentiersstaaten deshalb nicht voran: Alimentierte Untertanen halten sich mit politischen Forderungen zurück und lassen sich ihr politisches Widerspruchspotenzial bereitwillig abkaufen. So hat die Weitergabe von Teilen der Ölrente an die Bevölkerung autoritäre und nicht selten korrupte Regime stabilisiert und an der Macht gehalten. Zudem hat sie zu einem dramatischen Verfall des Arbeitsethos geführt, mit der Folge, dass die härteren und unangenehmen Tätigkeiten durch Arbeitsmigranten aus ärmeren Nachbarstaaten ausgeführt werden. Schließlich bringen Rentiersstaaten ein wirtschaftliches System hervor, in dem Kontakte und Beziehungen zu Angehörigen der Staatsklassen von größerer Bedeutung sind als unternehmerisches Handeln und Risikobereitschaft. Die Einnahmen aus dem Erdölexport sind die erste und wichtigste Ursache für die Selbstblockade der arabischen Gesellschaften.

Auf dem saudischen Arbeitsmarkt beispielsweise sind vier Millionen ausländische Arbeitskräfte beschäftigt; zusammen mit ihren Familienangehörigen sind es ca. sieben Millionen Arbeitsmigranten, die 17 Millionen Saudis gegenüberstehen.[10] Nicht immer gehen sie produktiven Tätigkeiten nach; etwa 800 000 der ausländischen Arbeitskräfte sind Chauffeure von Personenwagen, da saudische Frauen gemäß der wahabitischen Islamauslegung nicht selbst am Steuer sitzen dürfen. Noch besorgniserregender ist die dysfunktionale Ausrichtung des saudischen Hochschulsystems: Unter den Absolventen des Jahres 2000 befanden sich vier Prozent Betriebswirte, 3,5 Prozent Ingenieure, aber 50 Prozent Geistes- und Sozial- sowie 13,5 Prozent Islamwissenschaftler. Im völlig überdimensionierten Staatssektor sind 900 000 Personen beschäftigt, davon immerhin 78,2 Prozent Saudis; hingegen sind 61,3 Prozent der privatwirtschaftlich Beschäftigten Migranten aus den Nachbarstaaten. Ein erheblicher Anteil der Ölrenten wird inzwischen zur Finanzierung von Sinekuren im Staatsdienst verwandt, um die schätzungsweise 20 Prozent der saudischen Schulabgänger zu versorgen, die sonst arbeitslos wären.

Stellt man schließlich noch in Rechnung, dass die Gesellschaften der meisten arabischen Staaten ausgesprochen jung sind – etwa 50 Prozent der Saudis sind unter 18 Jahren –, so wird deutlich, welcher soziale und politische Sprengstoff sich hier inzwischen angesammelt hat. Das politische Schicksal Algeriens, das in einem verheerenden, mehr als zehn Jahre währenden Bürgerkrieg versunken ist, könnte zum Menetekel für die gesamte Region werden. Es sind vor allem fundamentalistische Vorstellungen, die in den Augen der Jugend Auswege aus der gesellschaftlichen Blockade weisen. Man wird davon ausgehen dürfen, dass es gerade dynamische und tatkräftige junge Männer aus den arabischen Staaten waren, die als Freiwillige nach Afghanistan gegangen und später zu Kämpfern von al-Qaida geworden sind.

Rentiersökonomien stärken den Staat beziehungsweise die Inhaber der Staatsgewalt und schwächen die Gesellschaft. Und alle diejenigen, die sich nicht in dieses Alimentierungssystem einfügen wollen, treiben sie in die Fundamentalopposition. Die Effekte der Rentiersökonomien sind keineswegs auf die reichen

Erdölförderstaaten beschränkt geblieben, sondern haben im System des so genannten Petrolismus auf die gesamte Region übergegriffen.

Der Petrolismus funktioniert im Wesentlichen über zwei Kanäle: einmal in der Gestalt von Budgethilfen Erdöl produzierender an erdölarme Staaten, zum anderen in Form von Geldüberweisungen der Arbeitsmigranten an ihre Familien in den Herkunftsstaaten.

Auch wenn diese Migranten in den Beschäftigungsländern meist hart für ihr Einkommen arbeiten müssen, so stellen die Transfers in ihren Herkunftsländern doch Formen arbeitslosen Einkommens dar, das Scheinblüten einer wesentlich importgestützten Prosperität hervorbringt. Stärker noch wird dieser Effekt durch Budgethilfen hervorgerufen. Und da sie häufig an Staaten mit sozialrevolutionären oder panarabischen Ideologien beziehungsweise entsprechenden politischen Bewegungen gehen, dient das System des Petrolismus stets auch dazu, den armen Ländern ihr Gewaltpotenzial «abzukaufen». Derselbe Mechanismus der Alimentierung, mit dem sich die Eliten in den reichen Ölmonarchien Ruhe und Legitimation beschaffen, wirkt also auch in den zwischenstaatlichen Beziehungen. Dabei werden Abhängigkeiten und Klientelbeziehungen installiert, die Ressentiments fördern, ohne Neid abzubauen.

Trotz Transfers in mehrfacher Milliardenhöhe werden die reichen Golfmonarchien in der übrigen arabischen Welt mit Argwohn und Misstrauen betrachtet. Der Petrolismus hat nicht zum Aufbau eines Systems der kollektiven Sicherheit am Golf geführt, und die reichen Staaten haben sich zum weiteren Ausbau ihrer Militärapparate genötigt gesehen. Da ihnen jedoch – der Lage auf ihren Arbeitsmärkten entsprechend – das Personal zur kompetenten Handhabung des importierten Rüstungsgeräts fehlt, ist ihnen der Aufbau effektiver und schlagkräftiger Armeen nicht gelungen. Das zeigte sich auf dramatische Weise im Sommer 1990, als die im Golfkooperationsrat zusammengeschlossenen Staaten nicht in der Lage waren, ihr Mitglied Kuwait gegen den irakischen Angriff zu schützen. Dass die Souveränität Kuwaits nur durch die Intervention vor allem der US-Streitkräfte wieder hergestellt werden konnte, zeigt, wie sehr die Golfmonarchien auf den dauerhaften Schutz der USA angewiesen sind.[11] Dass das System des Petrolismus, wenn es schon die soziopolitische Dynamik der arabischen Gesellschaften blockierte, nicht wenigstens zu einer Pazifizierung der Region geführt hat, hing auch damit zusammen, dass es in der ersten Hälfte der 80er Jahre durch die sinkenden Ölpreise in eine schwere Krise geraten war. Die Erdöleinnahmen der acht wichtigsten arabischen Produzenten sanken von 205 Milliarden auf 50 Milliarden US-Dollar[12], und selbstverständlich waren die Budgethilfen für andere Staaten einer der ersten Posten, an denen gespart wurde. Dies hatte zur Folge, dass die Bevölkerung der Empfängerländer sich weniger der vergangenen Wohltaten als vor allem der späteren Kürzungen erinnerte und dementsprechend reagierte.

Die Ablösung des Rentiersstaates durch den Steuerstaat würde auf mittlere Sicht in allen arabischen Staaten einen beachtlichen Modernisierungsschub bewirken, der sowohl die marktwirtschaftlichen Ansätze stärken als auch eine stärkere Partizipation der mittleren Schichten an der Politik zur Folge haben würde. Schließlich dürften von einer Zurückdrängung rentiersstaatlicher und dem Ausbau steuerstaatlicher Elemente auch die Ansätze zu einer zivilgesellschaftlichen Entwicklung profitieren, die durch das bestehende Alimentierungssystem ebenfalls weitgehend blockiert sind.[13] Politische Opposition in Rentiersstaaten zielt nämlich fast immer nur auf eine andere, als gerechter bezeichnete Verteilung der Renten und verspricht die Abschaffung der aus dem Alimentierungswesen erwachsenden Korruption. Diese Art von Opposition ist leicht durch die Umlenkung von Rentenzahlungen zu kalmieren, während eine prinzipielle Systemalternative nicht entwickelt wird. Auch die islamistischen Gruppierungen, die in den meisten arabischen Staaten inzwischen den harten Kern des oppositionellen Lagers darstellen, haben keine politisch-ökonomische Alternative zum Rentierssystem hervorgebracht. Vielmehr weisen sie selbst eine zwar staatsunabhängige, aber auf ähnlichen Mustern beruhende Renten-Klientel-Beziehung auf, die über ein System von karitativen Organisationen gesteuert wird. Auf der Basis ihrer transnationalen Finanzstrukturen haben die Islamisten eine eigene Sozialpolitik für Arme aufgebaut, durch die ihnen beträchtliche politische Unterstützung zuteil wird. So stellt unter den gegenwärtigen Konstellationen der Versuch, durch die Stärkung zivilgesellschaftlicher Elemente die gesellschaftliche Desintegration aufzuhalten und die politische Stabilität der arabischen Länder zu erhöhen, eine kaum praktikable politische Option dar. Erst unter der Voraussetzung, dass die Rentenökonomie durch funktionstüchtige marktökonomische Strukturen konterkariert und die patrimoniale Herrschaft des Rentiersstaates durch starke zivilgesellschaftliche Kräfte in Schach gehalten wird, kann es zu einer erfolgreichen Überwindung der gesellschaftlichen Selbstblockade kommen.

Sollte die Absicht, solche Strukturen im Irak durchzusetzen, wie hier angenommen, tatsächlich der ausschlaggebende Grund für die US-Kriegspolitik gewesen sein, so stellen sich deren größte Herausforderungen erst nach Kriegsende: im Umbau der staatlichen und gesellschaftlichen Strukturen nach den skizzierten Vorgaben. Und das müsste derart geschehen, dass es von den maßgeblichen Gruppen der irakischen Gesellschaft akzeptiert und unterstützt wird. Scheitert dies, so ist im Nachhinein auch der Krieg verloren, gleichgültig, wie erfolgreich die militärischen Operationen durchgeführt worden sind.

Die Faktoren, die die arabisch-islamische Selbstblockade bedingen, sind nicht nur politischer und sozioökonomischer Art; zu ihnen zählt auch das gesamte Ensemble soziokultureller Ressentiments gegen den Westen, wie sie sich im Vorderen Orient während des 20. Jahrhunderts aufgebaut haben. Fast durchweg spielt in diesen Ressentiments, die sich mit entsprechenden Verschwörungsobsessionen verbinden, der unverstandene und intellektuell wie emotional unverarbeitete Niedergang der islamischen Welt im 18. und 19. Jahrhundert die entscheidende Rolle: Bis ins 17. Jahrhundert hinein war man dem Westen überlegen gewesen, um sich von ihm dann in wissenschaftlicher wie kultureller, militärischer wie technologischer Hinsicht überflügeln lassen zu müssen.[14] Und schließlich haben die im Verlauf des 20. Jahrhunderts unternommenen Versuche, durch die Übernahme westlicher Vorbilder, insbesondere des politischen Ordnungsmodells des Nationalstaates, den Entwicklungsrückstand aufzuholen, nirgendwo die erhofften Wirkungen gezeitigt. Im Gegenteil: Eine Reihe sozialstatistischer Indikatoren spricht dafür, dass sich der Abstand der arabisch-islamischen Welt zu Europa und den USA weiter vergrößert hat.

Viele arabische Intellektuelle machen dafür den Westen verantwortlich: die Briten und Franzosen etwa, die nach der Zerschlagung des Osmanischen Reiches durch willkürliche Grenzziehungen, wie sie im Sykes-Picot-Abkommen von 1916 erfolgten, eine erfolgreiche arabische Nationenbildung hintertrieben hätten; oder die USA, die durch von der CIA angezettelte Staatsstreiche sowie offene Militärinterventionen die politische Konsolidierung und ökonomische Entwicklung der arabischen Staaten verhindert hätten; vor allem aber die Zionisten, denen es gelungen sei, die arabischen Staaten gegeneinander auszuspielen und in Kriege miteinander zu verstricken, um sie zu schwächen und so die Existenz Israels am Rande der arabisch-islamischen Welt zu sichern. Wie ein roter Faden zieht sich durch diese Verschwörungsobsessionen die Vorstellung, dass für die Malaise der arabisch-islamischen Welt nicht deren eigene Politiker und Intellektuelle, sondern grundsätzlich die anderen verantwortlich sind. Zur erfolgreichen Auflösung der Selbstblockaden arabischer Gesellschaften gehört in jedem Fall die Überwindung dieser Verschwörungsobsessionen. Nur wenn der Blick auf die inneren Krisenfaktoren der arabisch-islamischen Welt freigegeben ist, wird es möglich sein, die im Wesentlichen aus dem Rentenkapitalismus erwachsenden Blockademechanismen aufzulösen.

Eine weitere Voraussetzung für die Auflösung der Selbstblockade arabischer Gesellschaften ist der produktive Umgang mit den Enttäuschungen, die die Fehlschläge der Modernisierungsversuche nach – im weiteren Sinne – westlichen Entwicklungsmustern in breiten Kreisen, insbesondere der unteren Mittelschicht, hinterlassen haben. Nachdem die Versuche gescheitert waren, zunächst den Nationalismus und dann den Sozialismus zu adaptieren, breitete sich seit den 80er Jahren der Islamismus aus. Aber auch er stellt eine Ideologisierung traditioneller Strukturen unter den Bedingungen der Moderne dar. Nicht der Bruch mit der Moderne selbst, sondern das Vermeiden der mit ihr verbundenen Verwestlichung ist das Wesensmerkmal des Islamismus.[15] Es sind die soziokulturellen Begleiterscheinungen der Moderne, die vom Islamismus als moralische Dekadenz, Werteverfall und ein die Bindungen von Familie und Clan zersetzender Individualismus wahrgenommen werden.

Wahrscheinlich ist es sinnvoll, zumindest zwei Hauptströmungen des Islamismus voneinander zu unterscheiden: den islamistischen Mainstream des Basars, also im engeren Sinne der unteren Mittelschicht, der in seiner Grundhaltung sozialkonservativ und auf eine Wiederbelebung religiöser und moralischer Werte in der islamischen Welt aus ist; und daneben den Islamismus militant-extremistischer Gruppen, der sich besonders bei blockierten Aufsteigern und Marginalisierten findet. Dieser sieht sich in einem Kampf gegen das weltumspannende Böse, das zunächst vor allem durch die Sowjetunion repräsentiert wurde und nach deren Rückzug aus Afghanistan in wachsendem Maße mit den USA identifiziert wird. Während optimistischere Prognosen davon ausgehen, dass der militant-islamistische Fundamentalismus sich bereits auf dem Rückzug befindet[16], ist realistischerweise damit zu rechnen, dass es in der Anlaufphase tief greifender Modernisierungsprozesse zu einer Radikalisierung des sozialkonservativen zum militant-extremistischen Islamismus kommt. Ein Prosperitätsregime, das erfolgreich sein will, muss sich auf verstärkte Modernisierungsenttäuschungen einstellen und über Strategien zu ihrer Bearbeitung und Eindämmung verfügen.

Ein solches Projekt wird, wenn es denn überhaupt gelingen kann, am ehesten in einem Land wie dem Irak erfolgreich sein. Nicht von ungefähr ist die strategische Wahl der US-Administration auf den Irak gefallen – und nicht etwa auf Saudi-Arabien oder Ägypten, was aus außenpolitischen Gründen nahe gelegen hätte, handelt es sich bei ihnen doch um die wichtigsten Verbündeten der USA im arabischen Raum. Aber die inneren Widerstände gegen ein solches Vorhaben dürften in diesen Gesellschaften zu groß und wahrscheinlich unüberwindlich sein. Ende der 70er Jahre war der Irak ein industrielles Schwellenland und der hoffnungsvollste unter allen arabischen Kandidaten für den Aufstieg in die Erste Welt.[17] Die Kombination der aus dem Ölexport kommenden Renteneinnahmen mit einer nationalistischen Modernisierungsideologie[18], wie sie von der irakischen Baath-Partei vertreten wird, hatte zu beachtlichen Fortschritten geführt, auch wenn es sich bei dem in Bagdad herrschenden Regime um eine Entwicklungsdiktatur ohne jede politische Partizipation der Bevölkerung handelte.[19] Hätte dieser Weg, wenn es 1980 nicht zum Krieg mit dem Iran gekommen wäre, erfolgversprechend fortgesetzt werden können? Oder ist die diktatorische Herrschaft Saddam Husseins nach innen und seine Kriegspolitik nach außen zwangsläufig aus dem vorangegangenen Entwicklungsweg erwachsen?

Es ist wohl keine Überraschung, dass es in der Forschung und der politischen Publizistik darauf keine einheitliche Antwort gibt. Zumindest theoretisch ist die Militarisierung der irakischen Wirtschaft im Verlauf des Ersten Golfkrieges, in deren Gefolge die

Hälfte des Bruttosozialprodukts für Rüstungs- und Militärausgaben aufgewandt wurde, keine zwangsläufige Entwicklung gewesen. Sicherlich ist aber richtig, dass sie durch die Ökonomie des Rentierssystems nicht nur ermöglicht, sondern auch entscheidend begünstigt wurde: Erst die erheblichen Einnahmen aus dem Ölexport erlaubten die gewaltige Aufrüstung des Irak, und die Verfügbarkeit dieser Einnahmen für die politische Führung ermöglichte ihre bedenkenlose Verwendung für eine Kriegsvorbereitung und Kriegführung, die den Irak binnen weniger Jahre um Jahrzehnte zurückgeworfen hat.

Das Projekt der Errichtung eines Prosperitätsregimes im Irak muss zunächst versuchen, das Land wieder auf das wirtschaftliche, sozialstrukturelle und nicht zuletzt das Bildungsniveau zu bringen, das Ende der 70er Jahre bereits erreicht war, um anschließend die entscheidenden Schritte zur Etablierung eines modernen, sich selbst tragenden Gemeinwesens zu unternehmen. Die säkulare Politiktradition des Irak könnte dabei ebenso hilfreich sein wie die Erinnerung an das frühere Niveau der Lebensführung. Dass dieses Niveau – im Unterschied zu den Golfmonarchien – nicht allein durch die Verteilung von Ölrenten, sondern auch auf der Grundlage eigener Entwicklungsanstrengungen erreicht worden war, dürfte sich in Zukunft als eher günstig erweisen.

4 Keiner darf gewinnen

Das gescheiterte Streben des Irak nach regionaler Vorherrschaft und die Rolle Amerikas

Dem neuen Golfkrieg des Jahres 2003 sind in den letzten 25 Jahren bereits zwei Kriege vorausgegangen, in deren Verlauf sich die politische Ordnung der Region grundlegend verändert hat: der lange Krieg zwischen Irak und Iran von 1980 bis 1988[1] und der kurze, gerade einmal sechs Wochen dauernde Waffengang von 1991, als eine von den USA angeführte internationale Streitmacht das viereinhalb Monate zuvor vom Irak besetzte Scheichtum Kuwait befreite und dem Irak unter geringen eigenen Verlusten eine vernichtende Niederlage beibrachte.[2] Beide Kriege, so die nachfolgend ausführlicher zu entwickelnde Überlegung, waren keine Kriege wie andere nach 1945, sondern hatten eine weltpolitische Bedeutung, wie sie nach dem Ende des Zweiten Weltkrieges nur den beiden großen Kriegen in Ostasien, dem Korea- und dem Vietnamkrieg, zugekommen ist.

Im Ersten Golfkrieg zeigte sich, dass die Erfahrung, welche die Europäer in der ersten Hälfte des 20. Jahrhunderts machen mussten, auch für die Dritte Welt gilt: Zwischenstaatliche Kriege zur Verschiebung der Grenzen oder zur Vergrößerung des politischen Einflusses lohnen sich nicht, wenn man sie anhand einer Kosten-Nutzen-Bilanz prüft. Der Krieg zwischen den Staaten um regionale Hegemonie ist im Zeitalter der industrialisierten Kriegführung vielmehr zum sichersten Mittel geworden, im Aufstieg begriffene Länder wirtschaftlich zu ruinieren und sie um Jahrzehnte zurückzuwerfen. Die Europäer haben diese Erfahrung während des Ersten Weltkrieges gemacht; und dasselbe hat sich in dem acht Jahre dauernden Krieg zwischen Irak und Iran exzessiv wiederholt. Es kommt darum nicht von ungefähr, dass der Erste Golfkrieg und der Erste Weltkrieg immer wieder miteinander verglichen worden sind: Die Ähnlichkeiten sind bemerkenswert.

Während es in Europa die Entwicklung industrieller Produktionsweisen war, durch die Waffen und Munition in bis dahin ungekanntem Ausmaß verfügbar wurden, wurde den Golfstaaten die Verfügung über modernstes Kriegsgerät durch das Erdöl möglich, aus dessen Export den Krieg führenden Seiten die erforderlichen Finanzmittel zuflossen, um in großem Stil Waffen zu kaufen und den Krieg über einen so langen Zeitraum durchzuhalten. So hat sich schließlich auch der Erste Golfkrieg, wie der Erste Weltkrieg, zu einem Kräftemessen der ökonomischen Kapazitäten und Belastbarkeit entwickelt, nachdem die zunächst vom Irak und dann vom Iran gesuchte Entscheidung auf dem Schlachtfeld nicht herbeigeführt werden konnte. Ab 1984 wurden dann auch Ölverladestationen und Tanker der Gegenseite angegriffen. Nicht zuletzt diese Ausweitung des Krieges veranlassten die USA zu einem wachsenden Engagement in der Golfregion, das im Ergebnis einer Parteinahme für den Irak gleichkam. Ganz ähnlich hatte auch Großbritannien im Ersten Weltkrieg versucht, das Deutsche Reich durch eine mit Hilfe der Flotte durchgesetzte Fernblockade in die Knie zu zwingen, so wie umgekehrt die Deutschen durch ihre U-Boot-Waffe die Britischen Inseln von der Versorgung abschneiden und auf diese Weise besiegen wollten. Als die deutsche Oberste Heeresleitung diese Art der Kriegführung schließlich ausweitete und tatsächlich für kurze Zeit im Begriff stand, daraus Vorteile zu ziehen[3], war das für die USA der letzte Anstoß, offen in den Krieg einzutreten.

Ganz so weit ist es im Ersten Golfkrieg nicht gekommen, aber einige Male war es nahe daran: etwa im Oktober 1987, als US-

Kriegsschiffe als Vergeltung für iranische Raketenangriffe auf Tanker, die unter US-Flagge fuhren, iranische Bohrtürme in Brand schossen; und danach noch einmal im April 1988, als US-Kriegsschiffe erneut Bohrinseln zerstörten und mehrere iranische Schiffe versenkten.[4]

Nicht nur die am Krieg unmittelbar beteiligten Mächte Iran und Irak agierten also nach dem Modell der Mittelmächte und der Entente im Ersten Weltkrieg, sondern auch die USA folgten einer ähnlichen politischen Linie: Sie hielten sich so lange wie möglich aus dem Konflikt heraus, annoncierten aber in aller Deutlichkeit, dass der freie Handel, beide Male vor allem die Freiheit der Seewege, unter keinen Umständen von den Kriegsparteien gefährdet werden dürfe, und wo es dazu komme, behalte man sich vor, in geeigneter Form dagegen vorzugehen. Henry Kissinger soll in der Anfangsphase des Ersten Golfkrieges die politischen Interessen der USA einmal so umschrieben haben: Am besten wäre, wenn beide verlieren. Auch wenn dies 1914/ 1915 kein amerikanischer Politiker so deutlich formuliert hat, die objektiven Interessen der USA liefen damals auf eine ganz ähnliche Politik hinaus. Zu Beginn des Krieges waren sie ein Schuldner Europas, an seinem Ende dessen größter Gläubiger: Die Position der bis dahin führenden Weltmacht Großbritannien war deutlich geschwächt, die handelsstrategische Stellung Frankreichs ebenso. Und der schärfste Konkurrent der USA um die Neuaufteilung der Weltmärkte, das Deutsche Reich, lag politisch und wirtschaftlich danieder. Bei den geringsten eigenen Verlusten aller größeren am Krieg beteiligten Mächte hatten die USA aus dem Ersten Weltkrieg die größten Vorteile gezogen.[5] Während sich der Krieg im Ergebnis für sämtliche europäischen Mächte, mögen sie auf den Schlachtfeldern gesiegt oder verloren haben, letztlich als Niederlage entpuppte[6], waren die Amerikaner die Einzigen, die von ihm auf längere Sicht profitiert hatten.[7]

In ähnlicher Form gilt dies auch für den Ersten Golfkrieg: Die

Bilanz der monetären Kriegsschäden belief sich auf insgesamt 1097 Milliarden US-Dollar, von denen 644 Milliarden auf den Iran und 453 Milliarden auf den Irak entfielen.[8] Die für die USA entstandenen Kosten und Lasten waren hingegen gering, da sie nicht direkt in den Krieg eintreten mussten, sondern sich auf bewaffnetes Geleit für Öltanker, Waffenlieferungen an beide Seiten sowie die gezielte Weitergabe militärisch relevanter Informationen der Satellitenaufklärung an den Irak beschränken konnten. Sie verfolgten zwei wichtige politische Ziele mit diesem Engagement: Erstens wollten sie verhindern, dass einer der beiden Kontrahenten zur uneingeschränkten Hegemonialmacht in der Region aufstieg. Zweitens wollten sie sicherstellen, dass die Sowjetunion den Konflikt nicht dazu ausnutzen konnte, ihre politische und militärische Präsenz in der Golfregion auszubauen.[9]

Diese beiden zentralen Imperative der US-Politik erklären zugleich das von den Kommentatoren oft als Unentschlossenheit und Schwanken gedeutete Agieren der USA, die sich zeitweilig eher der iranischen und dann wieder der irakischen Seite zuneigten und sie jeweils unterstützten. So verbarg sich hinter der offiziellen Neutralität der USA bis Mitte 1982 eine De-facto-Unterstützung des Iran, die ab Mitte 1982 bis Mitte 1985 von einer schrittweisen Annäherung an den Irak abgelöst wurde. Die zweite Hälfte des Jahres 1985 und das Jahr 1986 waren dann von der so genannten Iran-Contra-Affäre bestimmt: US-Waffenlieferungen an den Iran wurden mit Geldzahlungen an die antisandinistischen Milizen und Partisanengruppen in und um Nicaragua beglichen. Ab Frühjahr 1987 kam es schließlich zur offen proirakischen Parteinahme der USA, als US-Kriegsschiffe im Golf von der iranischen Marine verlegte Seeminen räumten und für kuwaitische Ölexporte Geleitschutz fuhren.[10] Vorangegangen waren iranische Angriffe auf kuwaitische und saudische Ölexporte, um die arabischen Hauptfinanziers des Irak zu treffen; ohne die beständigen Kapitalzuflüsse aus den Golfmonarchien wäre der Irak spätestens 1983 finanziell zusammengebrochen.[11] Und womöglich hätte der Irak 1987 eine schwere militärische Niederlage erlitten, und es wäre zu einem Vorstoß iranischer Truppen tief in irakisches Gebiet gekommen[12], wenn nicht die Amerikaner den Irakis mit Informationen ihrer Luft- und Satellitenaufklärung geholfen hätten.

Zusammenfassend kann man festhalten, dass die USA durchweg die ins Hintertreffen geratene Seite unterstützten und auf diese Weise eine militärische Entscheidung des Krieges verhinderten. Da unbeschadet der irakischen Erfolge in den ersten Kriegsmonaten auf längere Sicht im Prinzip nur der Iran die Fähigkeit besaß, aussichtsreich auf gegnerisches Gebiet vorzustoßen und das Land zu besetzen[13], lief dies zwangsläufig auf eine Unterstützung des Irak hinaus, auch wenn die Reagan-Administration für den irakischen Staatspräsidenten Saddam Hussein und sein Regime sicherlich keine besondere Sympathie aufbrachte.[14] In jedem Fall aber waren die amerikanischen Sympathien für das aus der islamischen Revolution im Iran hervorgegangene Regime der Mullahs noch geringer, zumal nach der schweren Demütigung der USA in der Teheraner Geiselaffäre. Aber auch dies hätte die USA nicht daran gehindert, dieselbe Unterstützung zu leisten, wenn es für die Wahrung ihrer langfristigen Interessen am Golf tatsächlich vonnöten gewesen wäre.

Noch bemerkenswerter als das Scheitern des Irak wie des Iran im Ringen um die Hegemonie in der Region war der Umstand, dass die Sowjetunion, immerhin der Widerpart der USA in der damals noch bestehenden bipolaren weltpolitischen Ordnung, während des Ersten Golfkrieges keine entscheidende Rolle spielte. Das ist umso erstaunlicher, als sie der wichtigste Waffenlieferant des Irak war, dessen Landstreitkräfte sich wesentlich auf ihre Militärtechnik stützten. Die irakische Abhängigkeit von sowjetischen Lieferungen zeigte sich vor allem im zweiten Kriegsjahr, als die iranische Gegenoffensive an Schwung gewann und die Sowjetunion die bei Kriegsbeginn unterbrochenen Rüstungslieferungen noch nicht wieder aufgenommen hatte. In dieser Situation lieferte Ägypten, das seine Streitkräfte gerade von sowjetischer auf amerikanische Ausrüstung umstellte, im Februar 1981 einhundert T 54- und T 55-Panzer samt Munition an den Irak.[15] Dass die Sowjetunion aus ihren 1983 in großem Umfang wieder aufgenommenen Waffenlieferungen kein politisches Kapital zu schlagen vermochte, hing sicherlich mit ihrer tiefen Verstrickung in den Afghanistankrieg zusammen, die ihren Handlungsspielraum in der islamischen Welt erheblich begrenzte. Es war aber auch schon ein Ausdruck der Paralyse des sowjetischen Systems.

Im Verlauf des Ersten Golfkrieges zeigte sich schließlich auch, dass die in hohem Maße auf gepanzerte Landstreitkräfte ausgerichtete sowjetische Ausrüstung mitsamt der zugehörigen Doktrin einer zu Ende gehenden Epoche der Militärstrategie angehörte. So gelang es den Irakis trotz deutlicher waffentechnischer Überlegenheit ihrer Landstreitkräfte nicht, den iranischen Truppen eine entscheidende Niederlage zuzufügen; und die größeren Erfolge, die sie im Luftkrieg gegen iranische Ölverladeeinrichtungen und Tankschiffe erzielten, wurden vor allem mit Kampfflugzeugen und Waffensystemen erreicht, die der Irak aus Frankreich bezogen hatte.[16] Völlig überraschend für die Irakis war die Leistungsfähigkeit der iranischen Luftwaffe, deren Flugzeuge amerikanischer Bauart ihnen schwere Schäden zufügten, die sie zeitweilig an den Rand des wirtschaftlichen Zusammenbruchs brachten.[17]

So zeigte der Verlauf des Ersten Golfkrieges den militärischen Beobachtern und Analytikern aus aller Welt, dass die sowjetischen Militärpotenziale keineswegs mehr ein so stabiler Machtfaktor waren, wie man dies über lange Zeit angenommen hatte. Nicht zuletzt für die sowjetischen Militärbeobachter dürfte der Verlauf des Ersten Golfkrieges neben den gleichzeitigen Erfahrungen des Afghanistankrieges alarmierend gewesen sein. Dass die US-Administration etwa zu dieser Zeit zu dem Ergebnis kam, sie könne einen neuen Rüstungswettlauf dazu nutzen, die Sowjetunion niederzuringen oder zum Aufgeben zu zwingen, hatte auch mit den zu Beginn des Ersten Golfkrieges gemachten Beobachtungen zu tun.

Was sich im Ersten Golfkrieg schon angedeutet hatte, trat im Zweiten Golfkrieg dann mit dramatischer Intensität zutage: dass motorisierte, gepanzerte Landstreitkräfte gegen einen mit überlegenen Luftstreitkräften operierenden Gegner chancenlos waren – zumindest dann, wenn man sie so aufstellte wie die Irakis.

Ist der Erste Golfkrieg ein weitgehend symmetrisch geführter Krieg gewesen, so entwickelte sich der Zweite Golfkrieg zu einem von Anfang bis Ende asymmetrischen Krieg, in dessen Verlauf sich – im Unterschied zum Vietnamkrieg, der ebenfalls als ein asymmetrischer Krieg geführt worden war – nicht die Asymmetrie der Schwäche, sondern die Asymmetrie der Stärke durchsetzte. So wurde der Zweite Golfkrieg für die USA nicht nur in psychologischer, sondern auch in militärischer Hinsicht zur Kompensation für den Vietnamkrieg: Wenn der aus den Vietnamerfahrungen gezogene Schluss lautete, dass man sich nie mehr in ein solches militärisches Abenteuer hineinziehen lassen werde, so liefen die im Zweiten Golfkrieg gemachten Erfahrungen darauf hinaus, dass das Militär durchaus wieder als ein Mittel der Politik zu gebrauchen war – vorausgesetzt, man verschaffte ihm eine entsprechende militärtechnologische Überlegenheit, sodass die eigenen Verluste in engen Grenzen gehalten werden konnten. Der Zweite Golfkrieg war für die USA insofern mehr als nur ein schneller und überaus erfolgreicher Feldzug, nämlich zugleich ein politischer Wendepunkt, der den bitteren und demütigenden Erfahrungen des Vietnamkrieges ihr bisheriges Gewicht nahm oder sie zumindest doch stark relativierte. Seitdem stellt der Einsatz des Militärs in großem Stil für die USA wieder eine politische Option dar, und wenn es gute Gründe gab, mit dieser Option zurückhaltend umzugehen, so waren sie eher innenpolitischer Art, als dass man militärische Schlappen oder gar Niederlagen fürchten musste.

Immerhin – George Bush sen. ist trotz seiner großen außenpolitischen Erfolge bei der Beendigung des Ost-West-Konflikts, trotz der erfolgreichen Führung des Zweiten Golfkrieges und trotz der, wie damals alle Kommentatoren konstatierten, endgültigen Überwindung des Vietnamtraumas im Gefolge des Sieges über den Irak als amerikanischer Präsident nicht wieder gewählt worden. Saddam Hussein hat dies im Übrigen vor der Bevölkerung Bagdads als Sieg über den Widersacher Bush gefeiert: Auf einem Balkon des Präsidentenpalasts stehend, feuerte er unter den Ovationen der versammelten Menge einen Karabiner ab. Bush habe sich zu sehr auf außenpolitische Herausforderungen konzentriert und zu wenig um die Innen- und Wirtschaftspolitik seines Landes gekümmert, war die vorherrschende Erklärung für die Niederlage gegen seinen weitgehend unbekannten Herausforderer Bill Clinton.[18]

Allgemein wurde die Niederlage Bushs gegen Clinton als Mahnung an zukünftige Präsidenten verstanden, nicht zu sehr auf die außenpolitische Karte oder auf militärische Erfolge zu setzen. Es gab und gibt somit weiterhin starke Begrenzungen und Hemmnisse für die US-Politik, stärker auf militärische Optionen zu setzen. Diese Begrenzungen und Hemmnisse sind indessen immer weniger in der militärischen Reaktions- und Widerstandsfähigkeit der Gegner begründet, sondern vielmehr in dem eher geringen Interesse der amerikanischen Wähler an außenpolitischen Erfolgen, vor allem aber in ihrem Widerstand gegen die damit fast immer verbundenen Kosten und Lasten.

Damit waren die USA in die klassische Situation einer imperialen Macht eingetreten, bei der die Festlegung der äußeren Reichsgrenzen nicht durch die Gegenmacht starker Kontrahenten, sondern durch die begrenzte Opferbereitschaft der eigenen Bevölkerung bestimmt wird. Das Opfer, welches gefordert wurde, war freilich immer seltener die Rekrutierung eigener Angehöriger als vielmehr ein wieder wachsender Anteil der Militärausgaben am Staatshaushalt, wodurch andere Vorhaben verzögert oder gestrichen wurden. Was auch immer Präsident Bush sen. genau gemeint haben mag, als er von der *Neuen Weltordnung* sprach, die sich nach dem Ende des Ost-West-Konflikts abzeichne: Nach dem Zweiten Golfkrieg war klar, dass dies eine im Wesentlichen von den USA definierte Ordnung sein würde. Während in Europa und vor allem in Deutschland die erstmals seit dem Koreakrieg wieder hergestellte Handlungsfähigkeit der UNO auch in Fragen militärischer Interventionen hervorgehoben wurde[19], handelte es sich tatsächlich um die wiedergewonnene militärische Handlungsfähigkeit der USA, die für das letzte Jahrzehnt des 20. Jahrhunderts und darüber hinaus bei der Neuordnung des machtpolitischen Gefüges der Weltpolitik entscheidend werden sollte.[20]

Etwa gleichzeitig mit dieser Entwicklung setzte sich innerhalb der US-Administration die Auffassung durch, dass der Vordere Orient zwischenzeitlich die Rolle übernommen habe, die Europa in der ersten Hälfte des 20. Jahrhunderts gespielt hatte und die danach für zwei bis drei Jahrzehnte an Ostasien, an die koreanische Halbinsel und Indochina, übergegangen war: die des Austragungsortes weltpolitisch umstrittener Fragen und offener Probleme, auf dem zugleich entschieden wurde, wie die für die nächsten Jahrzehnte vorherrschende Ordnung aussehen sollte. Die in Europa gefallenen Entscheidungen sind für die USA folgenreich gewesen. So ist im Ersten Weltkrieg der deutsche Anspruch auf die kontinentaleuropäische Hegemonie gescheitert, die drei großen multiethnischen und multinationalen Reiche, die Mittel- und Osteuropa sowie den Vorderen Orient beherrschten, also die Donaumonarchie, das Zarenreich sowie das Osmanische Reich, sind zerfallen und untergegangen (wobei die Ordnungsfunktion des Zarenreichs von der Sowjetunion geerbt wurde), und schließlich ist der Niedergang der großen europäischen Kolonialreiche, des britischen und des französischen, eingeleitet worden. Der Zweite Weltkrieg, der aus deutscher Sicht auch als ein Revisionsversuch des Ersten Weltkrieges begonnen wurde, hat diesen Prozess im Ergebnis fortgesetzt und beschleunigt – mit einer folgenreichen Ausnahme: der Wiederherstellung der russischen Vorherrschaft über Ost- und Mitteleuropa. Dafür hat sich der Niedergang der europäischen Mächte, zumal in Schwarzafrika, im Vorderen Orient sowie in Süd- und Südostasien, ebenfalls fortgesetzt und beschleunigt: die Briten haben ihr Weltreich ohne größeren Widerstand aufgegeben, während die Franzosen im Indochina- und im Algerienkrieg dazu gezwungen wurden.

Währenddessen vollzog sich augenscheinlich unaufhaltsam der Aufstieg der USA zur Weltmacht, die einige der von den Briten aufgegebenen Positionen übernahmen, sich aber noch stärker als diese darauf beschränkten, die Herrschaft in Form einer *indirect rule* auszuüben. Im Koreakrieg haben die USA ihre während des Zweiten Weltkrieges errungene Position behauptet und insbesondere gegenüber dem aufstrebenden China ihren Anspruch auf die Rolle der alleinigen Führungsmacht in der Region unterstrichen, während sie im Vietnamkrieg, der sie wirtschaftlich mehr belastet als gestärkt hat, eine verlustreiche und schmachvolle Niederlage einstecken mussten. Trotz gewaltiger Flächenbombardements, trotz des Einsatzes neuartiger chemischer Kampfstoffe und trotz der Entsendung umfangreicher Landstreitkräfte ist es ihnen nicht gelungen, den nach Partisanenart kämpfenden und von Nordvietnam massiv unterstützten Vietcong zu besiegen. An der unbedingten Entschlossenheit und Opferbereitschaft dieses Gegners brach sich schließlich der politische Wille der USA. Die Hubschrauber, mit denen kurz vor dem Eindringen nordvietnamesischer Panzer in das amerikanische Botschaftsgelände das bis zuletzt verbliebene Botschaftspersonal evakuiert wurde, symbolisierten den Schlusspunkt des amerikanischen Scheiterns in Indochina. Damit war das zuvor so grenzenlose Selbstvertrauen der USA für längere Zeit erstmals schwer angeschlagen[21], und die noch am Ende der 80er Jahre in den USA geführte Debatte über Aufstieg und Niedergang der großen Mächte[22] war eine sorgenvolle Auseinandersetzung mit dem Umstand, dass noch jedes Weltreich beziehungsweise jede Weltmacht irgendwann untergegangen war. Diese Debatte war nicht zuletzt eine späte Folge des Traumas von Vietnam.

Militärische Konfrontationen, so die Lehre, die von den US-Militärs aus Vietnam gezogen wurde, mussten eher kurz sein; auf keinen Fall durften sie sich über Jahre hinziehen. Weiterhin sollten sie eine Macht zum Gegner haben, der man nicht nur militärtechnologisch überlegen war, sondern gegenüber der man diese Überlegenheit auch zur Geltung bringen konnte. Sie sollten nur mit klaren politischen Zielen begonnen und diese Ziele durften während des Krieges weder erweitert noch verändert werden. Schließlich war es von entscheidender Bedeutung, dass Politik und Militär die Kontrolle über die Nachrichten und die Bilder aus dem Krieg behielten, denn nur so konnte man sicherstellen, dass der Gegner seine militärische Unterlegenheit nicht durch die demonstrative Darstellung seiner Opferrolle instrumentalisierte, um damit den politischen Willen der USA selbst, unter Umgehung ihres militärischen Apparates, anzugreifen. Die Nachrichten und Bilder aus Vietnam haben den politischen Willen der USA wohl nachhaltiger geschwächt, als dies der Vietcong mit militärischen Mitteln vermochte. Denn sie trafen den Anspruch des Landes, Freiheit und Gerechtigkeit durchzusetzen und insofern der Repräsentant des Guten in der Welt zu sein. Zum militärischen Scheitern in Vietnam sind so noch politisch-moralische Selbstzweifel gekommen. Plötzlich hatte es den Anschein, als sei man selber Bestandteil eines Spiels der Machtpolitik, wie man es bei den Europäern beobachtet, abgelehnt und bekämpft hatte. Für manche Amerikaner war dieser Eindruck verheerender als das militärische Scheitern in Vietnam.

Auch der missionarische Grundzug der US-Außenpolitik, weltweit Recht und Demokratie zu vertreten und durchzusetzen, wurde durch den Zweiten Golfkrieg als Quelle des herkömmlichen amerikanischen Selbstbewusstseins wieder belebt. Man ver-

teidigte die Geltung des Völkerrechts, kämpfte gegen die scham-
losen Machenschaften eines gewalttätigen Diktators, und all dies
tat man obendrein im Auftrag der Vereinten Nationen. Der amerikanische Sieg über den Irak, der mit dem Waffenstillstand vom
28. Februar 1991 festgeschrieben wurde, war für die USA die
Rückkehr zu einem Selbstverständnis und einer Erfolgsgeschich-
te, wie sie für die amerikanische Außenpolitik vor dem Vietnamkrieg selbstverständlich gewesen sind. Womöglich war es diese
Wahrnehmung des Krieges als Rückkehr in die Normalität amerikanischer Politik im 20. Jahrhundert, die viele hat übersehen
lassen, dass mit dem Zweiten Golfkrieg ein neues Kapitel der
Weltpolitik aufgeschlagen wurde: das einer Machtkonstellation,
in der es nur noch ein einziges Zentrum gab, und dieses Macht-
zentrum verfügte über einen Militärapparat, mit dem es, wie bei
der Befreiung Kuwaits und der Zerschlagung der irakischen Armee unter Beweis gestellt, immer und überall seinen Willen zur
Geltung bringen konnte. Derlei hatte es weltpolitisch bis dahin
noch nicht gegeben.

Aus irakischer Sicht stellten sich die Dinge freilich ganz anders
dar: Weder im Ersten noch im Zweiten Golfkrieg sah man sich als
Angreifer, hatte man in beiden Fällen doch nur versucht, alte, legitime Ansprüche des Landes gegenüber den Nachbarn in einer
dafür günstig erscheinenden Situation durchzusetzen. Tatsächlich
war beiden Kriegen gemeinsam, dass es für den Irak um die Kontrolle weiterer Erdölquellen, die Zurückdrängung beziehungsweise Ausschaltung eines unliebsamen Konkurrenten und nicht zuletzt um den freien und ungehinderten Zugang zum Meer ging.
So war im Krieg mit dem Iran eines der wichtigsten irakischen
Kriegsziele die alleinige Kontrolle des Schatt el-Arab, des Mün-
dungsgebiets von Euphrat und Tigris, über das man im Vertrag
von Algier im Jahre 1975, also gerade erst fünf Jahre zuvor, dem
Iran die Mitkontrolle hatte zugestehen müssen. Aus irakischer
Sicht war das Abkommen von Algier ein erpresster Vertrag, der

bei nächster Gelegenheit annulliert werden musste. Hatte der Iran Mitte der 70er Jahre die damalige Schwäche des Irak ausgenutzt, so war es jetzt am Irak, die nunmehrige Schwäche des Iran auszunutzen und einen neuen Vertrag durchzusetzen, der den irakischen Interessen besser entsprach.

Obendrein hatte Ayatollah Khomeini selbst der imperialen Außenpolitik des gestürzten Schahregimes eine Absage erteilt und erklärt, die islamische Republik Iran wolle und werde nicht länger der Wächter am Golf sein. Folgerichtig hatte der Irak die Annullierung des Vertrags von Algier und die alleinige Kontrolle über den Schatt el-Arab verlangt. Dieses Begehren freilich war in Teheran auf taube Ohren gestoßen: Man hatte die irakischen Forderungen glatt abschlägig beschieden. Stattdessen betrieb die iranische Führung eine Politik des Revolutionsexports, durch die sich der Irak zunehmend gefährdet fühlte. Ziel der iranischen Propaganda war die schiitische Bevölkerungsmehrheit im Süden des Irak, die mehr oder minder offen dazu aufgefordert wurde, das Bagdader Regime Saddam Husseins zu stürzen und eine islamische Republik nach iranischem Vorbild zu errichten.[23] Bei der Analyse der Kriegsursachen von 1980 wird man kaum bestreiten können, dass der irakische Angriff vom Iran zuvor nach Kräften provoziert worden war.

Für Saddam Husseins Entscheidung, auf jede weitere Konsultation nach Artikel 6 des Vertrags von Algier zu verzichten und den Nachbarn anzugreifen, dürfte von Bedeutung gewesen sein, dass eine derart offene Einflussnahme des Iran auf die inneren Verhältnisse des Irak nicht neu war. Bereits Schah Mohammed Reza Pahlewi hatte in der ersten Hälfte der 70er Jahre die Kurden im Norden des Irak massiv unterstützt und ihnen nicht nur Rückzugsgebiete auf iranischem Territorium, sondern auch Waffen und Munition in großem Umfang zur Verfügung gestellt. Infolge dieser Unterstützung war der Bagdader Regierung die Kontrolle über die nördlichen Regionen des Landes zunehmend entglitten. Mehrere Versuche, sie durch massive Militäreinsätze wieder herzustellen, waren wenig erfolgreich verlaufen, und die irakische Armee hatte im Kampf mit den kurdischen Rebellen schwere Verluste erlitten. Der Vertrag von Algier, in dem der Irak auf die Kontrolle über den Schatt el-Arab verzichtet hatte, war wesentlich unter dem Druck des Kurdenproblems zustande gekommen: Für den Fall der Vertragsunterzeichnung hatte der Schah nämlich zugesagt, seine Unterstützung der Kurden umgehend einzustellen. Als dies dann tatsächlich der Fall war, gelang es der Armee sehr bald, die Kontrolle über die von Kurden bewohnten Gebiete wiederzuerlangen.

1980 aber war die Situation genau umgekehrt: Der Iran war durch die Wirren der islamischen Revolution geschwächt, ein Großteil des iranischen Offizierskorps war hingerichtet oder entlassen worden, und man konnte davon ausgehen, dass die USA dem iranischen Regime nicht zu Hilfe kommen würden. Bei Lichte betrachtet, nehmen sich die irakischen Kriegsziele von 1980 eher bescheiden aus: Neben der Hoheit über den Schatt el-Arab und einigen kleineren Grenzkorrekturen ging es um den Abzug der iranischen Truppen von drei Inseln in der Straße von Hormus, die der Schah zu Beginn der 70er Jahre hatte besetzen lassen, um die Kontrolle über den Schiffsverkehr an dieser strategisch wichtigen Stelle zu erlangen. Des Weiteren ging es um den definitiven Verzicht auf die Unterstützung oppositioneller Gruppen im Irak, gleichgültig, ob es sich dabei um Kurden oder Schiiten handelte. Und schließlich verlangte man den Autonomiestatus für die arabischen Bewohner der iranischen Provinz Khusistan, die im Süden an den Irak grenzte.[24] Diese Provinz wurde seit alters von den Arabern dem eigenen Kulturraum zugerechnet, aber sicherlich dürfte für diese besondere Forderung des Irak ausschlaggebend gewesen sein, dass Khusistan die erdölreichste Provinz des Iran war und die Verfügung über dieses Gebiet erhebliche Einnahmen versprach. Saddam Hussein forderte also nicht etwa die Abtretung Khusistans an den Irak, sondern begnügte sich mit dem Autonomiestatus für die arabische

Bevölkerung. Es wäre freilich abzuwarten gewesen, ob er im Fall eines irakischen Sieges bei dieser vergleichsweise bescheidenen Position geblieben wäre oder nicht doch – wie er dies im Sommer 1990 im Falle Kuwaits getan hat – deutlich weiter reichende Positionen durchzusetzen versucht hätte.

Man kann also keineswegs von vornherein sagen, dass Saddam Husseins Forderungen politisch illegitim gewesen wären, denn bis auf den Autonomiestatus für Khusistan waren sie eher defensiver Natur und auf die Wiederherstellung des Status quo ante sowie die Respektierung der völkerrechtlichen Souveränität des Irak durch den Iran ausgerichtet. Mit dem Autonomiestatus für die arabische Bevölkerung Khusistans wendete sich Saddam Hussein im Übrigen nicht so sehr gegen den Iran als vielmehr gegen andere arabische Länder, die er im Kampf um die politische Hegemonie innerhalb der arabischen Welt überwinden wollte. Indem er sich zum Verteidiger der arabischen Sache an deren östlicher Grenze aufwarf, glaubte er, die Konkurrenten um die arabische Hegemonie, die in den Auseinandersetzungen mit Israel notorisch erfolglos agiert hatten, in den Schatten stellen und selbst die Führung übernehmen zu können.[25] Dementsprechend wurde der Krieg von irakischer Seite als die Verteidigung des Arabertums gegen die Perser dargestellt, und im Irak selbst wurde er als *Saddams Qadisiyya* bezeichnet.[26] Damit wurde auf den Sieg der Araber über die Perser bei Qadisiyya im Jahre 636 Bezug genommen, der dem bereits angeschlagenen Sassanidenreich den Todesstoß versetzt hatte und zur Islamisierung Persiens führte. Das war zunächst eine Replik auf den Anspruch der iranischen Ayatollahs, die wahren Hüter des Islam zu sein; es war weiterhin eine Beschwörung der eigenen Siegeszuversicht; vor allem aber wurde damit geltend gemacht, Saddam Hussein sei der wahre und eigentliche Vorkämpfer der arabischen Sache und nicht etwa sein alter Widersacher Assad in Syrien, auch nicht das saudische Königshaus und schon gar nicht der ägyptische Präsident Sadat, der in Camp David mit Israel Frieden geschlossen hatte.

Der irakisch-iranische Krieg von 1980 bis 1988 war also ein Hegemonialkrieg im mehrfachen Sinn: Es ging in ihm um die Vorherrschaft über die an Energievorräten reiche Golfregion, und zu diesem Zweck suchte der Irak durch Land- und Einflussgewinne seine geostrategische Position zu verbessern. Es ging sodann um die Vorherrschaft unter den arabischen Staaten, und um diese zu erringen, schwang Saddam Hussein sich zum Verteidiger arabischer Minderheiten in der nichtarabischen Welt auf. Und schließlich ging es um die Frage, auf welchem Entwicklungsweg die gesamte Region in die Zukunft geführt werden sollte: dem religiös-islamistischen der iranischen Ayatollahs oder dem säkular-arabischen der irakischen Baath-Partei. Nur wenn man diese Verschränkung gleichsam dreier Hegemonialkriege ins Auge fasst, vermag man nachzuvollziehen, warum der Krieg entgegen jeder ökonomischen Vernunft mit einer solchen Entschlossenheit und Erbitterung geführt worden ist. Die offiziell verkündeten Kriegsziele machen dies kaum erklärlich.

Von Anfang an war der Kriegsverlauf für den Irak nicht sonderlich günstig. Zwar gelang es den Irakis, einen Monat nach Beginn der Kampfhandlungen die Stadt Khoramshar in der Provinz Khusistan zu erobern und die Stadt Abadan einzuschließen, aber damit hing man weit hinter den für diesen Zeitpunkt vorgesehenen Angriffszielen zurück. Die Städte Dezful und Akraz, die längst hätten erobert sein sollen, blieben in weiter Ferne.[27] Saddam Hussein hatte erwartet, große Teile Khusistans im Verlaufe einer Woche ohne größeren iranischen Widerstand besetzen und anschließend mit der Teheraner Führung in Verhandlungen treten zu können. In diesen Verhandlungen glaubte er einen Großteil seiner Kriegsziele durchsetzen zu können. Dabei hatte er sich in doppelter Hinsicht verrechnet: Die iranischen Truppen leisteten überraschend harten Widerstand, und die politische Führung in Teheran zeigte nicht die geringsten Anzeichen von Verhandlungsbereitschaft. Sei es, dass die irakische Führung auf ein weiteres Vordringen verzichtete, sei es, dass sich die iranische Ge-

genwehr immer mehr verstärkte – im Spätherbst 1980 gruben sich die Irakis auf iranischem Gebiet ein und errichteten feste Stellungen. Offenkundig hoffte Saddam Hussein, durch die Besetzung eines größeren iranischen Grenzstreifens die Teheraner Führung doch noch an den Verhandlungstisch zu zwingen. Beide Seiten richteten sich auf einen längeren Krieg ein und hofften, dass die Zeit ihnen in die Hände spielen würde.

Saddam Husseins Entscheidung, alle offensiven Unternehmungen auf iranischem Gebiet einzustellen, mag politisch gesehen richtig gewesen sein; in militärischer Hinsicht war sie verhängnisvoll, denn durch den Übergang zum Stellungskrieg beraubte er seine Armee der Möglichkeit, ihr größeres waffentechnisches Potenzial und ihre überlegenen militärischen Fähigkeiten auszuspielen. Die iranischen Truppen hatten bislang eine schwere, womöglich vernichtende Niederlage vermeiden können, und inzwischen strömten immer neue Gruppen von Kriegsfreiwilligen an die Front, die, wenn sie auch schlecht oder gar nicht ausgebildet waren, auf längere Sicht doch der iranischen Seite das Übergewicht verleihen würden. Infolge ihrer defensiven Kriegführung gelang es den Irakis nicht, die unerfahrenen Truppenzuwächse der Iraner zu attackieren und zu vernichten. Sicherlich ist richtig, dass der an Menschen und Ressourcen ohnehin unterlegene Irak das Gebiet des flächenmäßig dreimal so großen Iran nicht hätte erobern und besetzen können. Aber gerade darum wäre eine immer wieder zur begrenzten Offensive übergehende Kriegführung mit dem Ziel, die iranischen Truppen frontnah zu umfassen und zu bezwingen, angezeigt gewesen.

In militärischen Fragen erwies sich Saddam Hussein, der die Entscheidungsprozesse bis hin zu den unteren militärischen Ebenen kontrollierte, jedoch als ausgesprochener Zauderer. Wahrscheinlich hätte die irakische Armee einige Generäle in ihren Reihen gehabt, die zu einer entschlosseneren Operationsführung fähig gewesen wären, doch Saddam Hussein, der keine militärische Erfahrung besaß und dem in jüngeren Jahren zweimal die Aufnahme in die Bagdader Militärakademie verweigert worden war, fürchtete nichts mehr als den Aufstieg siegreicher, charismatischer Generäle.[28] So ließ er sich Operationsplanungen bis zur Bataillonsebene vorlegen, traf fast alle Entscheidungen selbst und achtete eifersüchtig darauf, dass keiner seiner Offiziere zu erfolgreich war beziehungsweise in der Armee zu sehr bewundert wurde. Auch der Umstand, dass Saddam Hussein sich im Verlauf des Krieges selbst zum Feldmarschall ernannte, verdeutlicht dieses Dilemma.

Genau dies aber war stets das Grundproblem der irakischen Kriegspolitik: Weder das größte noch das reichste Land der Region, war man in einen Kampf um die Hegemonie eingetreten, der sich grundsätzlich nur dann gewinnen ließ, wenn man dafür auf andere Ressourcen zurückgreifen konnte, und dazu gehörte in erster Linie die größere Leistungsfähigkeit der irakischen Soldaten und Offiziere gegenüber konkurrierenden Mächten. Offiziell hat das Regime in Bagdad diese Leistungsfähigkeit immer gefeiert, aber tatsächlich hat es ihr keinen Entfaltungsraum gelassen. Dort, wo dies unter dem Zwang der Kriegsereignisse doch einmal der Fall war, wurden besonders tüchtige und erfolgreiche Offiziere ihres Postens enthoben oder fanden bei dubiosen Unfällen den Tod. So war es für Offiziere ratsam, sich nicht zu sehr zu exponieren, Saddam Husseins Anweisungen, auch wenn sie falsch oder sinnlos waren, exakt zu befolgen und bei jeder Gelegenheit Loyalität und Bewunderung für den großen politischen und militärischen Führer im Überschwang zu bekunden.

Auf diese Weise verlor die Armee beständig ihre fähigsten Soldaten und brachte stattdessen liebedienerische Gestalten an die Spitze. Der in der Literatur immer wieder gezogene Vergleich zwischen dem Irak und Preußen – dem Land, das bei geringeren Ressourcen mit militärischen Mitteln den Sprung in den Kreis der europäischen Großmächte schaffte – zeigt, woran es dem

Irak im Kampf um die Hegemonie mangelte: einer Person an seiner Spitze, die, gestützt auf die fraglos anerkannte Legitimität ihrer Herrschaft, in der Lage war, die Begabtesten und Fähigsten im Staatsapparat, insbesondere im Militär, nach oben kommen zu lassen und ihnen Verantwortung zu übertragen, ohne dabei um die eigene Macht fürchten zu müssen. Vor allem daran ist der Irak in seinem Hegemonialkampf gescheitert. Ein aufmerksamer Beobachter konnte dieses Scheitern sowie dessen tiefere Gründe bereits Ende 1980/Anfang 1981 erkennen. Der Verbleib Saddam Husseins an der Macht hatte zur Folge, dass die Geschichte des Misslingens mit all ihren Folgen bis heute fortgesetzt worden ist.

Im Prinzip stand es um die iranische Gegenseite im Herbst 1980 nicht viel besser. Das gerade an die Macht gelangte, in sich kaum gefestigte Revolutionsregime in Teheran fürchtete nichts und niemanden so sehr wie einen erfolgreichen General, der sich im Kampf gegen die irakischen Angreifer hervorgetan und dadurch womöglich eine Wende im Krieg herbeigeführt hätte. Seit dem Aufstieg Napoleons und seinem erfolgreichen Staatsstreich, in dessen Gefolge er sich zum Ersten Konsul und schließlich zum Kaiser der Franzosen aufschwang, fürchten Revolutionäre vielleicht noch mehr als Diktatoren den Aufstieg junger und erfolgreicher Generäle. Das dürfte der Grund dafür gewesen sein, warum das iranische Regime die in großer Zahl mobilisierten Kriegsfreiwilligen nicht der Armee zuführte, sondern sie als eigenständige Verbände der *Pasdaran* an die Front schickte. Dort setzten sie ihren revolutionären Eifer in grenzenlose Kampf- und Opferbereitschaft um, aber infolge ihrer militärischen Unerfahrenheit führte dies eher zu erheblichen Verlusten als zu militärischen Erfolgen. So blieb der Krieg stecken, und das Jahr 1981 war durch eine Form des Stellungskrieges gekennzeichnet, die an die im Herbst 1914 erstarrte Westfront im Ersten Weltkrieg erinnerte.

Ende März 1982 kam der Krieg mit dem Beginn der iranischen Gegenoffensive wieder in Bewegung, und bis Ende Juni war es den Iranern gelungen, die irakischen Truppen in die Ausgangsstellungen zurückzudrängen, aus denen sie am 22. September 1980 zum Angriff angetreten waren. Spätestens jetzt wurde der irakischen Führung klar, dass sie ihre Kriegsziele verfehlt hatte, auf entsprechende Angebote zum Abschluss eines Waffenstillstands reagierte Teheran jedoch nicht. Offenbar waren die Ayatollahs der Überzeugung, sie könnten den Krieg gewinnen und die bei der Verteidigung des eigenen Landes errungenen Erfolge auch in der Offensive fortsetzen. Aber genau dies misslang. Die irakischen Truppen, die vor der iranischen Gegenoffensive unter beträchtlichen Verlusten zurückgewichen waren, verfestigten mit Erreichen der Ausgangsstellungen ihren Widerstand, und die von den *Pasdaran* vorgetragenen Angriffe brachen unter schwersten Verlusten zusammen. So war nach einer dreimonatigen Bewegungsphase der Krieg wieder zum Stellungs- beziehungsweise Sitzkrieg geworden. Da die im Frühjahr und Herbst in immer neuen Offensiven angreifenden Iraner dabei die deutlich größeren Verluste hinnehmen mussten und es über lange Zeit den Anschein hatte, dass sie aus dem Scheitern ihrer Angriffe nicht zu lernen vermochten, konnte sich das Regime in Bagdad während dieser bis 1985/86 dauernden Phase der Hoffnung hingeben, der Krieg lasse sich durch das allmähliche Ausbluten des Gegners am Ende doch noch gewinnen.[29]

Diese Hoffnung erlitt einen schweren Dämpfer im Februar 1986, als es den Iranern in einer neuen Offensive mit dem Decknamen *Operation Morgenröte Acht* gelang, die dem Schatt el-Arab vorgelagerte Insel Fao zu erobern. Strategisch war dieser Coup von geringer Bedeutung, da die Wasserstraße seit Kriegsbeginn ohnehin blockiert war. Psychologisch freilich hatte er weit reichende Folgen, zeigte er doch, dass die Erfolge, die die Iraner ein Jahr zuvor in den Howeiza-Sümpfen zeitweilig gehabt hatten, nicht zufällig errungen worden waren, sondern aus taktischen Veränderungen ihrer Kriegführung resultierten, die auf längere Sicht kriegsentscheidend sein konnten.[30] In den Straßenkämpfen von Khoramschar und Abadan hatten sich die *Pasdaran* vorzüglich geschlagen, zumal die Iraker dort wider alle militärischen Regeln nicht Infanterie-, sondern Panzereinheiten eingesetzt hatten, die in den engen Straßen eine schnelle Beute der todesmutigen Revolutionswächter geworden waren. Aber bei den Angriffen auf die festen irakischen Stellungen im Grenzgebiet beider Länder hatte sich ihre durch revolutionären Enthusiasmus kompensierte militärische Unerfahrenheit erneut bemerkbar gemacht: Regelmäßig waren die mit Menschenwellen geführten Frontalangriffe, oft von Kindern und Jugendlichen vorgetragen[31], in den Minengürteln und im Sperrfeuer der Irakis zusammengebrochen. Die Teheraner Führung, die sich lange geweigert hatte, daraus Konsequenzen zu ziehen, hatte nunmehr eingewilligt, die *Pasdaran* in militärische Einheiten umzuwandeln und sie von ausgebildeten Offizieren der Armee führen zu lassen. Damit zeichnete sich eine Wende des Kriegsgeschehens zugunsten des Iran ab.

Dass es zu dieser Wende doch nicht kam, dürfte nicht zuletzt an der amerikanischen Unterstützung für den Irak gelegen haben: Mit Informationen über Truppenbereitstellungen, schwach besetzte Frontabschnitte sowie lohnende Angriffsziele im gegnerischen Hinterland stellten sie nicht nur das militärische Gleichgewicht wieder her, sondern verschafften dem Irak auch eine Informationsüberlegenheit, die sich schließlich in militärische Erfolge ummünzen ließ. Als die iranische Führung am Ende auf die Waffenstillstandsvorschläge einging und die Kampfhandlungen am 20. August 1988 nach fast acht Jahren Krieg eingestellt wurden, hatte der Irak das Gesetz des Handelns erneut in der Hand[32], und vor allem dies dürfte der Grund für das iranische Einlenken gewesen sein.

Es war zweifellos übertrieben, aber auch nicht völlig abwegig, wenn sich der Irak als Sieger des fast achtjährigen Ringens begriff und Saddam Hussein sich entsprechend feiern ließ. Zwar hatte man keines der ursprünglichen Kriegsziele erreicht, doch es war gelungen, die Iraner wieder über den Euphrat zurückzudrängen und sich auf iranischem Territorium festzusetzen. Doch angesichts der ruinösen Folgen, die der Krieg nicht nur für die irakische Wirtschaft, sondern für die gesamte Entwicklung des Landes gehabt hat, waren diese Siegesfeiern allenfalls ein Placebo für die Volksseele. Im Prinzip war der Irak nämlich bankrott. Die jährlichen Öleinnahmen in Höhe von 13 Milliarden US-Dollar[33] deckten nicht einmal die laufenden Ausgaben: Zu den 12 Milliarden US-Dollar für den Import dringend benötigter ziviler Güter kamen fünf Milliarden für Rüstungsimporte sowie weitere fünf Milliarden für den Schuldendienst. Die Auslandsschulden wuchsen infolgedessen immer weiter an und beliefen sich schließlich auf 80 Milliarden US-Dollar.[34] Nur eine drastische Reduzierung des Rüstungsetats hätte die Neuverschuldung in Grenzen gehalten. Über die Gründe, die Saddam Hussein veranlassten, diesen Weg nicht zu gehen, lässt sich spekulieren: Zunächst hatten sich die Friedensverhandlungen mit dem Iran festgefahren, sodass es nahe liegend war, in dieser Situation nicht durch eine drastische Verkleinerung der Militärmaschinerie die eigene Verhandlungsposition zu schwächen. Weiterhin wäre der Arbeitsmarkt kaum in der Lage gewesen, die bei einer umfassenden Demobilisierung der Streitkräfte auf ihn zurückkehrenden Arbeitskräfte aufzunehmen. Daneben lässt sich jedoch auch vermuten, dass Saddam Hussein den Militärapparat noch brauchte, um bei nächster Gelegenheit seine Hegemonialbestrebungen wieder aufzunehmen. Diese Gelegenheit kam schon bald, und sie hieß Kuwait.

Ob es sich bei der irakischen Besetzung Kuwaits um einen brutalen Überfall aus Habgier und Expansionsstreben gehandelt hat oder um eine militärische Maßnahme zur Abwehr weiteren Schadens für die irakische Wirtschaft, ist zwischen dem Irak sowie seinen Unterstützern und dem «Rest der Welt» lange umstritten gewesen. Zumindest in moralischer Hinsicht dürften viele Irakis die Entscheidung ihres Staatspräsidenten, Kuwait zu besetzen, gutgeheißen haben. Die Begründungen dafür sahen so aus: Fast acht Jahre lang hatte der Irak mit den Mitteln der Kriegführung die Expansion der islamischen Revolution aufgehalten und dabei die Interessen aller Golfanrainerstaaten, auch der konservativen Scheichtümer, verteidigt. Diese hatten dem Irak während des Krieges zwar in beträchtlichem Umfang Kredite gewährt, sperrten sich jetzt aber gegen eine Einstellung des Schuldendienstes und den Erlass aller Verbindlichkeiten. Das waren die Forderungen, die Außenminister Tarik Aziz in einem Schreiben an die Arabische Liga vom 16. Juli 1990 formulierte. Man konnte darin, wie dies wohl die meisten Irakis taten, durchweg legitime Forderungen an die Mitnutznießer des Krieges sehen, in dem die Irakis ihr Blut vergossen und die Übrigen bloß Geld beigesteuert hatten. Aus dieser unterschiedlichen Aufgabenverteilung sollten den Gläubigerländern nach Kriegsende nicht auch noch Vorteile erwachsen. Aber diese Sichtweise war nur so lange stimmig, wie man den zurückliegenden Krieg nicht als irakischen Hegemonialkrieg, sondern als arabischen Verteidigungskrieg ansah. Jenseits dieser Perspektive waren die irakischen Forderungen nichts anderes als eine Fortsetzung der Hegemonialpolitik mit anderen Mitteln.

Man konnte die irakischen Forderungen mit gutem Grund als drohende Anmahnung lesen, die arabischen Golfstaaten sollten sich in dauerhafte Finanziers der irakischen Hegemonialpolitik verwandeln, also den Status von Vasallen des großen arabischen Führers Saddam Hussein einnehmen. Und sofern sie dazu nicht bereit waren, mussten sie mit Gewalt dazu gebracht werden. Die Forderungen des Irak waren eindeutig: Erlass der kriegsbedingten Schulden durch die Golfstaaten und Gewährung neuer Kredite in Höhe von 30 Milliarden US-Dollar. Außerdem verlangten die Irakis, dass die Golfstaaten ihre Fördermengen senkten, damit der Irak seine eigenen Fördermengen erhöhen konnte, ohne dass die Erdölpreise sanken. Der Konflikt drehte sich also nicht nur um die Annullierung der irakischen Auslandsschulden, sondern um einen wohl auf Dauer angelegten Eingriff in die Mechanismen, nach denen die Ölrenten im Vorderen Orient verteilt wurden.

Würde das Schule machen, so war zu erwarten, dass derlei bei nächster Gelegenheit wiederholt wurde. Im Ergebnis wären die Verteilung der Quoten und die Regulierung des Ölpreises, die aus einem Zusammenspiel von politischen Übereinkünften innerhalb der OPEC und den Mechanismen des Weltmarktes erwuchsen, in einen nahezu ausschließlich nach politischen Vorgaben geregelten Prozess überführt worden, in dem die wirtschaftlichen Mechanismen kaum noch eine Rolle gespielt hätten. Damit hätten auf der politischen Ebene die jeweiligen militärischen Drohpotenziale der Akteure die entscheidende Rolle spielen können. Über kurz oder lang hätte diese Politik des Irak die USA auch ohne die Besetzung Kuwaits auf den Plan gerufen. Eine solche Entwicklung hätte das von ihnen verfolgte Projekt der Deregulierung des Weltmarkts nicht nur gefährdet, sondern geradezu ins Gegenteil verkehrt. Aber auch für diejenigen, die keinerlei Sympathien für eine neoliberale Wirtschaftsordnung hegten, musste der Umstand, dass militärische Drohgesten zu einem Instrument der Quotenregelung und Preisbildung wurden, alarmierend sein.

Tatsächlich war das Militärpotenzial des Irak im Frühjahr 1990, als sich die Krise im Verhältnis zu den konservativen Golfmonarchien zuzuspitzen begann, gewaltig und übertraf bei weitem alles, was den arabischen Staaten am Golf zur Verfügung stand.[35] Der Irak hatte etwa eine Million Soldaten unter Waffen, die mit 5500 Panzern, 6000 gepanzerten Transportfahrzeugen und 3500 Geschützen ausgerüstet waren. Dazu kamen noch knapp 700 Kampfflugzeuge. Der Irak gab zu dieser Zeit nahezu ein Viertel seines Bruttosozialprodukts für militärische Zwecke aus und galt seit längerem als der größte Rüstungsimporteur der

Welt. Es gab keinerlei Zweifel, dass die Golfmonarchien dem Irak im Falle einer militärischen Auseinandersetzung in keiner Weise gewachsen sein würden. Was die meisten von ihnen bislang übersehen hatten: Sie waren nach dem Ende des Krieges mit dem Iran, der die irakischen Kräfte gebunden hatte, ihrem bisherigen Verbündeten wehrlos ausgeliefert. Einzig die Supermacht USA konnte sie schützen. Aber es würde nicht leicht sein, sie gegen den Irak in Stellung zu bringen.

Tatsächlich förderten im Frühjahr 1990 sowohl Kuwait als auch die Vereinigten Arabischen Emirate mehr Erdöl, als ihnen in der Quotenverteilung der OPEC zugestanden worden war, und es stand außer Frage, dass dies zur Senkung des Ölpreises beitrug. Im Mai 1990 erklärte Saddam Hussein mit Blick auf diese Quotenüberschreitung, die Förderpolitik Kuwaits und der Vereinigten Arabischen Emirate sei nichts anderes als Krieg gegen den Irak. Von nun an verschärfte sich der Konflikt mit Kuwait, dem von irakischer Seite obendrein vorgeworfen wurde, die Ölfelder von Rumaila im irakischen Grenzgebiet angebohrt zu haben. In seinem bereits erwähnten Schreiben an die Arabische Liga verlangte der irakische Außenminister Aziz von kuwaitischer Seite dafür eine Entschädigung von 2,4 Milliarden US-Dollar. Außerdem müsse sichergestellt werden, dass der Ölpreis auf 25 US-Dollar pro Barrel angehoben werde, damit die irakischen Interessen gewahrt seien.

Es ist auffällig, dass sich etwa gleichzeitig mit der verschärften irakischen Gangart gegenüber den arabischen Nachbarn auch die Politik des Westens gegenüber dem Irak veränderte. Bislang tolerierte Rüstungsexporte wurden nun genauer geprüft und immer häufiger untersagt. Der Anstoß dazu wird in der Literatur immer wieder in Israel gesehen, das sich durch den irakischen Militärapparat in wachsendem Maße bedroht gefühlt habe. Im April jedenfalls beschlagnahmte der britische Zoll Stahlröhren, die angeblich für den Bau einer irakischen Superkanone vorgesehen waren. Mit dieser Kanone sollten Sprengköpfe über Entfernungen von mehr als tausend Kilometern geschossen werden können. Zeitgleich wurden in London hochmoderne Bauteile beschlagnahmt, die als Zünder für Atomwaffen hätten dienen können. Wie auch immer – die westliche Einstellung gegenüber den irakischen Aufrüstungsprogrammen hatte sich deutlich verändert. Ob dabei die Sicherheitslage Israels die entscheidende Rolle spielte, wird man bezweifeln dürfen. Wahrscheinlich war die Sorge, der Irak könnte mit militärischen Mitteln zum Kontrolleur des Ölpreises werden, von erheblich größerer Bedeutung.

5 Der fürchterliche Frieden

Die Revolutionierung des Gefechtsfeldes und das Scheitern einer nichtmilitärischen Bändigung Saddam Husseins

Der Verlauf des Zweiten Golfkrieges kann als Triumph einer neuen *revolution in military affairs* begriffen werden. Damit veränderten sich die weltpolitischen Konstellationen grundlegend. Innerhalb weniger Wochen gelang es der von den USA angeführten Koalition[1], die irakische Armee, die damals immerhin als die sechstgrößte der Welt galt, bei minimalen eigenen Verlusten zu zerschlagen. Den mindestens 100 000 gefallenen irakischen Soldaten stehen 148 im Rahmen von Kampfhandlungen getötete Amerikaner gegenüber, wobei 37 durch Waffeneinwirkung der eigenen Seite, so genanntes «friendly fire», ihr Leben verloren haben.[2]

Ohne Übertreibung kann man festhalten: Keine der früheren militärischen Revolutionen, auch nicht die militärische Revolution im Europa der Frühen Neuzeit, die den Aufstieg des Kontinents zur im 19. Jahrhundert dann voll entfalteten Weltherrschaft ermöglichte[3], hat so weit reichende und umstürzende Effekte gehabt wie die elektronische Kontrolle und «Bewirtschaftung» des Gefechtsfeldes.[4] So wurde die irakische Armee zu großen Teilen durch Kampfflugzeuge und Raketen aufgerieben, bevor die Offensive der amerikanischen Bodentruppen überhaupt begann. Diesen Angriffen aus großer Höhe oder über große Distanz waren die irakischen Truppen hilflos ausgeliefert. Da sie über keine entsprechende technische Ausstattung verfügten, waren sie nachts blind und nach der Zerstörung ihrer Kommunikations-systeme gleich zu Beginn der Kampfhandlungen während der gesamten Zeit stumm und taub. Der Zweite Golfkrieg war der erste aus einer Position der Stärke asymmetrisch geführte Krieg des 20. Jahrhunderts, und in seinem Gefolge ist, in begrenztem Ausmaß, der Krieg für die USA wieder zu einem Mittel der Politik geworden. Der Zweite Golfkrieg stellt insofern nicht nur einen Wendepunkt der Militär-, sondern auch der Politikgeschichte dar.

Wurde der Kriegsverlauf in militärischer Hinsicht zu einem Erfolg, wie man ihn sich größer kaum hätte vorstellen können, so gerieten die anschließend unternommenen Versuche, in der Region eine stabile, allseits akzeptierte Friedensordnung herzustellen, zu einem anhaltenden Desaster, dessen Fortdauer über mehr als ein Jahrzehnt schließlich zur Ursache des neuerlichen Krieges am Golf wurde. Über die Gründe dieses Desasters ist viel gerätselt und spekuliert worden; auf jeden Fall aber steht fest, dass es weder den USA und ihren engeren Verbündeten noch den Vereinten Nationen zu irgendeinem Zeitpunkt nach 1991 gelang, einen Masterplan für eine von den verschiedenen Seiten getragene Friedensordnung in der Region zu entwerfen. Das wiederum hatte seinen Grund wahrscheinlich in der Begrenztheit der Ziele, um derentwillen der Krieg im Januar und Februar 1991 geführt worden war: die Befreiung Kuwaits und die Vernichtung des irakischen Potenzials an Massenvernichtungswaffen. Man hatte sich auf defensive Zielsetzungen, also die Zurückdrängung des Irak, beschränkt, um einen Krieg führen zu können, bei dem es nicht zur völligen Niederwerfung des Gegners kommen musste. Dabei hatte man – fälschlicherweise – unterstellt, dass schon dies im Ergebnis zu einer Pazifizierung des Irak führen werde. Das Gegenteil war der Fall: Der Irak blieb eine Bedrohung für den Frieden und die Stabilität der Region, und wahrscheinlich blieb er dies nicht trotz, sondern wegen der Sanktionen, die dem Land von der UNO auferlegt worden sind.

Wie der asymmetrische Krieg dazu geführt hat, dass militärische Gewalt wieder zu einem politischen Instrument der einzig verbliebenen Supermacht geworden ist, so ist der asymmetrische Frieden, den das von der UNO über den Irak verhängte Sanktions- und Embargoregime darstellt, Ausdruck einer womöglich grundsätzlichen Unfähigkeit, allseits akzeptierte Friedensordnungen herzustellen. Mag der Weg in die Asymmetrisierung des Krieges besorgniserregend sein, so ist die Tendenz zur Asymmetrisierung des Friedens auf Dauer viel gefährlicher. In den öffentlichen Debatten der westlichen Welt wird jedoch zumeist nur der asymmetrische Krieg und nur selten der asymmetrische Frieden thematisiert, und das dürfte auch der tiefere Grund dafür sein, dass die Debatten in der Regel so unpolitisch verlaufen und schließlich folgenlos bleiben.

Die Geschichte des Zweiten Golfkrieges, der keinerlei Krisen oder dramatische Umschwünge aufweist, sondern eher als einseitiger Vollzug eines politischen Willens mit gewaltsamen Mitteln beschrieben werden kann, lässt sich knapp umreißen: Im Prinzip gliedert sich der Verlauf der Kampfhandlungen in drei Etappen. Die *erste Phase* begann mit dem Luftbombardement gegen den Irak am Morgen des 16. Januar (Bagdader Zeit) 1991. Im Verlauf der etwa vierwöchigen Luftangriffe wurden nicht nur militärische Ziele attackiert, an erster Stelle die nach Kuwait eingedrungenen und um Kuwait herum aufgestellten irakischen Bodentruppen, sondern es wurden auch im weiteren Sinn zivile Ziele, so nahezu alle Infrastruktursysteme des Irak, zerstört oder ausgeschaltet. Diese Phase des Krieges begann – wie dies wohl grundsätzlich für alle asymmetrischen Kriege gilt – mit der Zerschlagung der Luftabwehr des angegriffenen Landes. Durch die mit *cruise missiles* und *smart bombs* geführten Attacken wurde der Gegner wehrlos gegen Luftangriffe gemacht, um anschließend seine Militär- und Versorgungseinrichtungen systematisch zerschlagen zu können. Ist Krieg im klassischen Sinn eine Abfolge von Handeln und Gegenhandeln, bei der beide Seiten sich wechselseitig das Gesetz des Handelns aus der Hand zu nehmen suchen, so ist der asymmetrische Krieg, wie er 1991 am Golf erstmals geführt wurde, auf Konstellationen gegründet, in denen nur eine Seite handlungsfähig ist und die andere die Gewalt bloß zu erleiden oder bestenfalls auf sie zu reagieren hat. Das doppelte Ziel der überlegenen Seite ist, die eigenen Verluste zu minimieren und gleichzeitig dem Gegner einen möglichst großen Schaden zuzufügen. Man wird sagen können, dass dies den USA auf eine geradezu dramatische Weise gelungen ist: Bei 109 876 Angriffen, die von US-Kampfmaschinen auf den Irak geflogen wurden, haben sie insgesamt nur 38 Maschinen verloren – nach dem Urteil von Militärexperten weniger, als im Übungsbetrieb normalerweise an Unfällen und Verlusten zu beklagen ist.[5]

Die *zweite Phase* des Krieges begann damit, dass die von der Luftwaffe hergestellten asymmetrischen Konstellationen nunmehr auf das Gefechtsfeld im engeren Sinn übertragen wurden: also auf Kuwait und die angrenzenden Gebiete, wo ein erheblicher Teil der irakischen Armee aufgestellt war, um Kuwait, inzwischen durch Annexion zur 19. Provinz des Irak erklärt, zu verteidigen. Diese seit Beginn der Luftangriffe immer auch attackierten Truppen gerieten nun ins Zentrum des Bombardements, durch das sie regelrecht zerrieben wurden. Als schließlich Mitte Februar die mit Panzern und gepanzerten Fahrzeugen vorgetragene amerikanische Bodenoffensive begann, war etwa ein Drittel, womöglich sogar die Hälfte der in und um Kuwait bereitgestellten irakischen Soldaten getötet oder schwer verwundet worden. Zehntausende waren desertiert, und der Rest war demoralisiert, sodass von einem ernstlichen Widerstand der Irakis nicht mehr die Rede sein konnte. Tatsächlich dauerte es dann gerade vier Tage, bis die noch einsatzfähigen Truppen des Irak ebenfalls geschlagen oder zum Rückzug gezwungen waren. In abgeschwächter Form reproduzierten sich die asymmetrischen Bedingungen des Krieges schließlich auch unmittelbar auf dem

Gefechtsfeld, etwa wenn amerikanische Kampfpanzer in einer der wenigen Panzerschlachten des Krieges, gestützt auf ihre überlegene Elektronik und die größere Reichweite ihrer Waffen, eine irakische Panzereinheit aus einer für diese unerreichbaren Distanz niederkämpften und vernichteten.[6] Es waren dies freilich nur noch die Reste der ehedem so stolzen irakischen Panzerverbände, denn über 1500 Panzer und gepanzerte Fahrzeuge sollen allein von den zur direkten Panzerbekämpfung eingesetzten F-111 der Amerikaner vernichtet worden sein.

Die *dritte Phase* des Krieges schließlich, die vom Zusammenbruch der irakischen Verteidigung wenige Tage nach dem Beginn der US-Bodenoffensive bis zum Inkrafttreten des Waffenstillstands am 28. Februar 1991 reicht, kann wohl nicht anders als Etappe der Massaker bezeichnet werden: Vor allem aus der Luft, stellenweise aber auch am Boden wurden die auf dem fluchtartigen Rückzug befindlichen, geschlagenen irakischen Truppen angegriffen, um ihnen weitere schwerste Verluste zuzufügen. Da der Krieg längst entschieden war, handelte es sich dabei um eine Form unnötiger, sinnloser Gewaltanwendung, die nach den Regeln des klassischen Kriegsvölkerrechts wohl nur als Kriegsverbrechen einzustufen wäre. Zumindest muss es sich in der retrospektiven Betrachtung so darstellen. Ort der Massaker war die Hauptrückzugsstraße der irakischen Verbände, der so genannte *highway of death*, der zu einer schmalen, sich über zwanzig bis dreißig Kilometer hinziehenden Strecke der Zerstörung und Vernichtung, um nicht zu sagen: Hinrichtung, wurde. Auf dieser Straße des Todes zeigten sich abermals die Folgen einer legitimatorischen Aufbereitung des Krieges, in der die eine Seite zum Exekutor der Gerechtigkeit und die andere zum Bösewicht und Übeltäter stilisiert wird, den es zu bestrafen gilt.[7] Die militärtechnische Asymmetrie des Krieges hat in der jüngst wieder erneuerten Theorie des gerechten Krieges ihr politisch-ideologisches Pendant.

Nun sind asymmetrische Konstellationen der Kräfte und Fähigkeiten in Kriegen nicht unbedingt neu. Vielmehr muss man davon ausgehen, dass symmetrische Kriegsbedingungen, mit ihrer etwa gleichen Verteilung der Chancen, zu töten und getötet zu werden, geschichtlich eher die Ausnahme sind, während asymmetrische Konstellationen die Regel darstellen. Aber damit ist nicht gesagt, dass die technologisch fortgeschrittenere Seite sich immer durchsetzen muss. Die Niederlagen römischer Legionen gegen germanische Stammeskrieger, die europäischer Ritterheere gegen mongolische Steppenreiter, die Probleme der napoleonischen Armee mit den spanischen Partisanen, schließlich die bitteren Erfahrungen, die der amerikanische Militärapparat mit der Guerilla in Vietnam gemacht hat – dies alles zeigt, dass nicht nur die Asymmetrie der Stärke, sondern auch eine Asymmetrie der Schwäche zum Erfolg führen kann.

Wer kräftemäßig deutlich unterlegen ist, so die Erfahrung seit den napoleonischen Kriegen, sollte sich nicht unter Bedingungen zum Kampf stellen, in denen die Überlegenheit der Gegenseite voll zum Tragen kommt: Entweder er verzichtet unter diesen Umständen auf den Kampf, betreibt über längere Zeit eine Politik der Aufrüstung und Umgliederung seiner Streitkräfte, um sich dann unter Erfolg versprechenden Voraussetzungen einem symmetrischen Kampf zu stellen; oder er versucht, gegen die Asymmetrie der Stärke die Asymmetrie der Schwäche ins Spiel zu bringen, um auf diesem Wege die eigenen Erfolgschancen zu erhöhen. Letzteres ist der Weg in den Partisanenkrieg, eventuell auch in den Terrorismus, der die militärische Überlegenheit der Gegenseite durch eine eigene Strategie konterkariert. Beruht, vereinfacht formuliert, die Asymmetrie der Stärke auf der Fähigkeit zur Beschleunigung, so gründet die Asymmetrie der Schwäche auf der Fähigkeit und Bereitschaft zur Verlangsamung. Der Partisanenkrieg ist im Sinne Mao Tse-tungs der über lange Zeit auszuhaltende und auch langsam zu führende Krieg, in dem der überlegene Gegner nicht durch schwere Schläge zu Fall gebracht, sondern durch eine lange schwärende Wunde erschöpft und ermattet werden soll.[8] Die bewusste Ausnutzung der Asymmetrie der Schwäche in der Gestalt des Partisanenkrieges stellt die Chancen des Gegenhandelns in Konfrontation mit einem dramatisch überlegenen Gegner wieder her.

Der Irak ist im Spätherbst 1990, als sich immer klarer abzeichnete, mit welchem Gegner er es in Kürze zu tun bekommen würde, diesen Weg nicht gegangen, obwohl es genügend Vorbilder gab. Aktueller noch als das Beispiel Vietnam war zu diesem Zeitpunkt Afghanistan, wo die mit einer erdrückenden militärtechnischen wie militärorganisatorischen Überlegenheit in das Land eingedrungene Rote Armee den Widerstand der Clanchefs und Milizenführer nicht hatte brechen können und nach einem über zehn Jahre währenden verlustreichen Krieg geschlagen abzog.

Aber einen Partisanenkrieg zu beginnen heißt in der Regel, einen existenziellen Krieg auf Leben und Tod zu führen, bei dem man die technische Überlegenheit des Gegners durch eine gesteigerte Opferbereitschaft ausgleicht. Vor allem gehört zu einem Partisanenkrieg, dass man den überlegenen Gegner tief ins eigene Land hineinlockt, um ihn dort mit der Opferbereitschaft der eigenen Bevölkerung zu konfrontieren. All das war beim Zweiten Golfkrieg keine Option. Der Irak wollte die gerade gewonnene Beute, das Scheichtum Kuwait, nicht aufgeben und konnte also die Verteidigung nicht tief ins Landesinnere verlegen. Und den Amerikanern wiederum ging es, den einschlägigen UN-Resolutionen entsprechend, bloß darum, Kuwait zu befreien und nicht tief ins Innere des Irak vorzustoßen – zu welchem Zweck auch immer. Der Übergang zu einer Kriegführung, die Asymmetrien der Schwäche hätte ausnutzen können, war insofern nicht möglich.

Man hat der militärischen Führung des Irak freilich darüber hinaus vorgeworfen, auch im Licht der klassischen Militärstrategie schlecht agiert und desaströse Planungsfehler begangen zu haben, etwa indem sie Tausende von Panzern und gepanzerten

Fahrzeugen deckungslos in der Wüste aufstellte und damit wehrlos der überlegenen Feuerkraft der amerikanischen Luftwaffe aussetzte.

Hätten die Iraker stattdessen, so diese Kritik weiter[9], den Kampf erst in den Städten, den Palmwäldern, Zuckerrohr- und Reisfeldern, den Dörfern und Sümpfen an Euphrat und Tigris aufgenommen, so wäre der Krieg anders verlaufen. Dem wird man kaum widersprechen können, denn dann hätte der Krieg wahrscheinlich überhaupt nicht stattgefunden: Die Irakis hätten sich nämlich aus Kuwait und den umliegenden Wüstenregionen zurückziehen müssen, und damit wären die UN-Forderungen ohne Anwendung militärischer Gewalt erfüllt worden. Einzig aussichtsreich wäre gewesen, zur Verteidigung Kuwaits auf den Einsatz von Panzern und schwerem Gerät gänzlich zu verzichten und sich in den Straßen von Kuwait-City zum Häuserkampf zu stellen. Hier hätten sie noch am ehesten ihre militärtechnische Unterlegenheit zu kompensieren und im Kampf Mann gegen Mann tendenziell symmetrische Bedingungen herzustellen vermocht. Eine solche Form verlustreicher Kriegführung hatte die irakische Armee allerdings bereits im Krieg gegen den Iran zu meiden gesucht[10], und offenbar fehlte ihr auch jetzt die Fähigkeit wie die Bereitschaft, sich darauf umzustellen. So ging sie unter, ohne dem Gegner einen größeren Schaden zugefügt zu haben.

Die Prinzipien, nach denen die irakische Militärführung ihre Truppen zur Verteidigung Kuwaits formiert hatte, waren in etwa dieselben, wie sie in der sowjetischen Militärdoktrin für die Verteidigung Mitteleuropas gegen einen angenommenen Angriff der Nato entwickelt worden waren. Der schnelle und leichte Sieg der amerikanischen Streitkräfte über den Irak war in amerikanischer Sicht also mehr als bloß ein Sieg über eine zwar gut ausgerüstete, aber schlecht geführte Armee. Er wurde zugleich als Nachweis dafür genommen, dass man im Prinzip jedem Gegner, mochte er noch so stark gerüstet sein, seinen Willen mit militärischen Mitteln aufzwingen konnte – vorausgesetzt, dieser Gegner verfügte nicht über Atomwaffen und Trägersysteme, mit denen er das Gebiet der USA erreichen könnte. Für die Sowjetunion dagegen wurde durch den Verlauf des Zweiten Golfkrieges endgültig klar, dass sie sich auch in militärischer Hinsicht nicht mehr auf ein und derselben Ebene mit den USA bewegte: Das Rückgrat der sowjetischen Armee, die Bodentruppen und vor allem die Panzerverbände, hatten sich als Kräfte erwiesen, mit denen eine selbständige Kriegführung gegen einen mit starken Luftstreitkräften und modernster Elektronik ausgerüsteten Gegner chancenlos war. Der Verlauf des Zweiten Golfkrieges hat große Teile der sowjetischen Führung davon überzeugt, dass jede weitere Anstrengung im Rüstungswettlauf mit den USA sinnlos sein würde. Nach Afghanistan war Kuwait das Signal dafür, dass man aus einem nicht mehr zu gewinnenden Wettlauf um Vorteile bei der Rüstung aussteigen sollte.[11]

Es gehört zu den langfristig folgenreichen Ergebnissen der Verarbeitung des Zweiten Golfkrieges, dass die deutschen Intellektuellen in ihrer überwiegenden Mehrzahl diese Entwicklungen nicht oder nur beiläufig in ihrer militärisch-politischen Dimension wahrgenommen haben; sie ließen sich eher auf die Parole von der «Neuen Weltordnung» ein oder die vorgeblich ideologiekritische Forderung «Kein Blut für Öl». Dies hat dazu beigetragen, dass sich auch der Fokus der Politik und der ihr beigesellten Beraterstäbe in hohem Maße auf die augenscheinlich wichtiger gewordene Rolle der UNO bei der Gestaltung der Weltordnung beschränkte. Dadurch blieb ihnen der Umbruch der tatsächlichen Machtkonstellationen und der neuerliche Bedeutungsgewinn militärischer Instrumente weitgehend verborgen. Sie kaprizierten sich weiter auf die in der Spätphase des Ost-West-Konflikts entwickelten Konzeptionen, in denen, der damaligen wechselseitigen Blockade der beiden Supermächte durchaus angemessen, die militärischen Mittel als bevorzugtes Instrument der Problembearbeitung zunehmend in den Hintergrund gerückt waren – zugunsten eines komplexen Netzes von Aushandlungssystemen. Natürlich war dies eine durchweg erwünschte Entwicklung, aber der Irrtum, dem viele Kommentatoren und Wissenschaftler erlagen, bestand darin, dass sie das Wünschbare als das Tatsächliche ansahen und dabei die weltpolitischen Realitäten aus den Augen verloren.[12] Dagegen hat der ideologiekritisch daherkommende Antiamerikanismus, wie er in der Forderung «Kein Blut für Öl» zum Ausdruck kommt, sich von vornherein geweigert, die Komplexität der machtpolitischen Faktoren im Vorfeld des Zweiten Golfkrieges zur Kenntnis zu nehmen. Dies war dann die Voraussetzung dafür, dass man im Gewande des Antiimperialismus guten Gewissens für eine Macht Partei ergriff, die mit militärischen Mitteln Hegemonialpolitik betrieb. Die Forderung «Kein Blut für Öl», die an die US-Administration adressiert war, unterstützte faktisch die Politik Saddam Husseins, die in großem Stil Blut für Öl einzusetzen bereit war und bereits eingesetzt hatte.

Die amerikanische Politik hat zu Beginn der 90er Jahre den Krieg mit Saddam Hussein nicht gesucht – anders als beim Dritten Golfkrieg.[13] Auch das Gespräch, das die US-Botschafterin April Glaspie wenige Tage vor der irakischen Besetzung Kuwaits mit Saddam Hussein führte, kann kaum als Beweisstück dafür herhalten, die USA hätten Saddam in die Falle gelockt, um ihn dort zu vernichten. Am 25. Juli 1990 hatte Saddam Hussein die US-Botschafterin Glaspie einbestellt, um die Haltung der USA in dem Konflikt zwischen dem Irak und Kuwait zu sondieren. Glaspie soll in diesem Gespräch erklärt haben: «Zu arabisch-arabischen Konflikten, wie zum Beispiel Ihre Auseinandersetzung mit Kuwait über die gemeinsame Grenze, haben wir keine Meinung. ... [Außenminister] James Baker hat unseren Sprecher angewiesen, dies nachdrücklich zu betonen.»[14] Das war missverständlich, aber dass die USA die Besetzung Kuwaits gebilligt hätten, kann daraus nicht einmal andeutungsweise herausgelesen werden. Unverkennbar bezog sich Glaspie auf die zwischen dem Irak und Kuwait seit Jahren vorhandenen Streitigkeiten um einen gemeinsamen Grenzabschnitt, die zuletzt durch die Auseinandersetzung um das Ölfeld von Rumaila und dessen Anbohrung durch die Kuwaiter wieder an Virulenz gewonnen hatten. In diesen Konflikt – dessen Ausmaß von den Amerikanern sicherlich falsch eingeschätzt wurde – wollten die USA, so Glaspies Botschaft, nicht hineingezogen werden. Nur wer von einer Verschwörung der USA gegen den Irak überzeugt ist und dafür nach Beweisen sucht, kann in Glaspies Äußerungen das zentrale Beweisstück dafür sehen, dass die USA den Irak zur Besetzung Kuwaits provoziert hätten, um ihn dann angreifen und vernichten zu können. Ihr Verhalten muss freilich als ein schwer wiegendes diplomatisches Versagen angesehen werden.

Nach der Besetzung Kuwaits durch die Truppen des Irak am 2. August 1990 stellte sich zunächst ohnehin eine ganz andere Frage als die nach dem militärischen Eingreifen der USA: Würden die im Golfkooperationsrat zusammengeschlossenen Staaten der arabischen Halbinsel in der Lage sein, die Krise aus eigener Kraft zu meistern und die Unabhängigkeit des Bündnismitglieds Kuwait wieder herzustellen, notfalls auch unter Anwendung militärischer Gewalt? Der Vergleich zwischen dem militärischen Potenzial der Golfmonarchien und dem des Irak zeigte jedoch schon bald, dass Saudi-Arabien im Verbund mit den kleinen Scheichtümern nicht in der Lage war, der irakischen Armee Paroli zu bieten. Im Gegenteil: Es stand zu befürchten, dass ein irakischer Vorstoß über Kuwait hinaus von den Streitkräften des Golfkooperationsrats nicht aufgehalten werden konnte, sodass den Irakis schnell zufallen würde, was sie in dem verlustreichen Krieg gegen den Iran vergeblich angestrebt hatten: die Hegemonie am Golf und eine weit gehende Kontrolle der Förderquoten und der Preisbildung des Erdöls. Die eilends nach Saudi-Arabien verlegten amerikanischen Kampfflugzeuge dienten der Abschreckung des Irak, unter keinen Umständen auf saudisches Gebiet vorzudringen, aber sie waren nicht die

Vorhut jener Verbände, die einige Monate später dann die *Operation Desert Storm* durchführten. Zunächst nämlich waren die meisten Politiker der Bush-Administration davon überzeugt, man könne mit einer Embargopolitik und Wirtschaftssanktionen den Irak zum Einlenken, zum Rückzug seiner Truppen aus Kuwait zwingen. Erst Ende Oktober 1990 wurde die US-Streitkräfteplanung am Golf von der Defensive auf die Offensive umgestellt: vom Schutz Saudi-Arabiens auf die Befreiung Kuwaits.[15]

Eine Reihe islamistisch orientierter Saudis freilich war mit der Entscheidung ihres Königshauses, die Auseinandersetzung mit dem Irak nicht selbst zu führen, sondern dafür die Amerikaner zu Hilfe zu rufen, überhaupt nicht einverstanden. Unter ihnen befand sich auch der ein Jahr zuvor aus Afghanistan zurückgekehrte Osama bin Laden. Umgehend bot er der saudischen Regierung die Unterstützung seiner Mudschaheddin an. Im Verbund mit diesen kampferfahrenen Männern, so seine Überzeugung, würde die saudische Armee in der Lage sein, das Land gegen einen irakischen Angreifer zu verteidigen. Man war jedenfalls nicht auf die Hilfe der Ungläubigen angewiesen. Ähnlich wie den Religionsgelehrten Safar al-Hawali und Salman al-Auda ging es ihm darum, dass sich westliche Truppen nicht für längere Zeit auf der arabischen Halbinsel in der Nähe der Heiligen Stätten des Islam festsetzten.[16] Als bin Laden mit diesem Vorschlag kein Gehör fand, verließ er Saudi-Arabien und siedelte in den Sudan über. Aber die USA wurden für ihn, der bislang überwiegend gegen die Sowjetunion gekämpft hatte, zunehmend zum Feind, den man aus der arabisch-islamischen Welt wieder hinausdrängen musste. So sind auch die Terroranschläge auf das Pentagon und das World Trade Center am 11. September 2001 als der Versuch Osama bin Ladens begriffen worden, den Preis, den die Amerikaner für ihre Anwesenheit auf der arabischen Halbinsel zahlen müssen, deutlich zu erhöhen.[17]

Folgenreicher als der Verlauf des kurzen Krieges zur Befreiung Kuwaits war für die politische Entwicklung der Region das Schei-

tern einer stabilen, auf Frieden ausgerichteten Nachkriegsord-
nung. Der Weg in den nächsten Golfkrieg ist im Prinzip im Frühjahr und Sommer 1991 geebnet worden, als die Aufstände, die im
Irak nach der Niederlage der nach Kuwait entsandten Truppen
ausgebrochen waren, niedergeschlagen wurden, Putschversuche
höherer Offiziere misslangen und die angeschlagene Machtposition Präsident Husseins sich allmählich wieder festigte. In dieser
Situation rächte sich, dass die USA offenbar keinen Masterplan
für eine Friedensordnung in der Region parat hatten, sondern
darauf vertrauten, dass sich die Dinge nach der Vertreibung der
irakischen Truppen aus Kuwait und der politisch-militärischen
Schwächung Saddam Husseins gleichsam von selbst zu einer
neuen Ordnung entwickeln würden. Das war eine überaus naive
Erwartung, die freilich auch jene widerlegt, die ein langfristig und
sorgfältig geplantes Vorgehen der USA am Golf behaupten. So
entschlossen und kraftvoll die USA im Januar und Februar 1991
agierten, so desorientiert und hilflos wirkten sie in den Wochen
und Monaten nach dem Krieg, als es darum ging, den Waffenstillstand in eine stabile und dauerhafte Friedensordnung zu
überführen.

Bis heute gibt es die unterschiedlichsten Erklärungen dafür,
warum die Streitkräfte der Koalition die geschlagene irakische
Armee nicht weiter verfolgten, Bagdad einnahmen, das Regime
Saddam Husseins, das zwischenzeitlich auf eine schmale Basis
von verwandten und verschwägerten Personen zusammenge-
schrumpft war[18], stürzten und in dem durch zwei Kriege während eines Jahrzehnts zutiefst geschwächten Land ein Regime
installierten, das eine Politik des Wiederaufbaus betrieb und auf
eine Hegemonialposition am Golf verzichtete. Die Einnahmen
aus dem Erdölexport hätten dann dazu verwendet werden können, die Produktionseinrichtungen wie die Infrastruktur des
Landes wieder herzustellen, die seit Beginn des Krieges gegen
den Iran schwer gelitten hatten. Man wird davon ausgehen dürfen, dass ein solches Regime nach einigen anfänglichen Proble-

men die Unterstützung eines Großteils der irakischen Bevölkerung gefunden hätte. Eine der Erklärungen dafür, warum General Schwarzkopf jr. seine vorrückenden Truppen stoppte und der letzte US-Soldat sich am 9. Mai von irakischem Territorium zurückzog, könnte in Inhalt und Aufgabenstellung des UN-Mandats gelegen haben, das die Befreiung Kuwaits, nicht aber die Eroberung des Irak und den Sturz des Regimes vorsah. Es wäre dann die Respektierung der UN-Vorgaben gewesen, die im Februar/März 1991 dazu geführt hat, dass die USA ein Problem, das zu diesem Zeitpunkt wahrscheinlich leicht zu lösen gewesen wäre, fortbestehen ließen. Dies hat ihnen nicht nur, könnte man argumentieren, eine mehr als zehnjährige umfassende Militärpräsenz am Golf mit allen dafür erforderlichen Kosten, sondern schließlich auch einen weiteren Krieg mitsamt den damit verbundenen Risiken aufgenötigt. Eine solche Sichtweise würde auch die seitdem kontinuierlich gewachsene Distanz gegenüber der UNO erklären und den Unwillen, sich in deren Entscheidungsabläufe einbinden zu lassen. Nur mit Mühe hat es US-Außenminister Colin Powell im Vorfeld des jüngsten Golfkrieges vermocht, die UNO in der Konfrontation zwischen den USA und dem Irak wieder als den Ort ins Spiel zu bringen, an dem über den Konflikt verhandelt und Gewalt legitimiert wird.

Es ist freilich wenig wahrscheinlich, dass ausschließlich der Respekt vor der UNO sowie ihren Resolutionen und Mandaten die Amerikaner dazu gebracht haben soll, den Vormarsch zu stoppen und auf einen Regimewechsel in Bagdad zu verzichten. Es dürfte vielmehr in diesem Zusammenhang ein anderer Aspekt von Bedeutung gewesen sein, nämlich die Furcht vor dem Zerfall der antiirakischen Koalition bei einem Vorstoß nach Bagdad, die einer Orientierung am UN-Mandat den nötigen Nachdruck verschafft hat. Sowenig man auf diese Koalition militärisch angewiesen war, so sehr war man es politisch. Sollte es tatsächlich diese oder ähnliche Überlegungen im Februar/März 1991 gegeben haben, so würde dies auch die seitdem deutlich spürbare Skepsis der Amerikaner gegenüber allen Formen von Koalitionskriegführung erklären, bei denen den Verbündeten ein echtes Mitspracherecht in politischen und militärischen Fragen zukommt.

Es könnte aber auch die politische Alternativlosigkeit zu der vorhandenen Machtkonstellation gewesen sein, die für den Verzicht der Amerikaner auf den Sturz Saddam Husseins den Ausschlag gegeben hat. Jeder Regimewechsel nämlich, der mit der Zerschlagung der irakischen Armee als dem Garanten der territorialen Integrität des Staates verbunden war, hätte zum Zerfall des Irak geführt. Das nach dem Ersten Weltkrieg aus der Konkursmasse des Osmanischen Reichs hervorgegangene Land mit seiner multiethnischen wie multikonfessionellen Bevölkerung wäre bei einem von außen erzwungenen Sturz des Regimes wohl in drei Teile zerbrochen: den kurdisch dominierten Norden, einen schiitisch geprägten Süden und das sunnitische Zentralgebiet um Bagdad.

Die Kurdenführer Talabani und Barsani hätten im Norden einen eigenen Kurdenstaat ausgerufen, was von der Türkei nie akzeptiert worden wäre. Das Kurdenproblem war und ist für die Türkei eine existenzielle Frage, bei der sie keine große Rücksicht auf bündnispolitische Erwägungen nehmen kann. Ein schiitischer Staat im Süden, der voraussichtlich eine enge Anlehnung an den Iran gesucht hätte, wäre den Amerikanern sicherlich ebenso ungelegen gekommen wie ein Kurdenstaat im Norden. Sie hätten also, um die territoriale Integrität des Irak zu wahren, diese Unabhängigkeitsbewegungen mit eigenen Truppen niederkämpfen müssen – nicht zuletzt davor dürfte die US-Regierung zurückgeschreckt sein. Wie sehr sie am staatlichen Fortbestand des Irak interessiert war, zeigte sich einige Wochen später, als sie den schiitischen und kurdischen Aufständischen jede Unterstützung verweigerte und es Saddam Hussein dadurch ermöglichte, diese Aufstände einzudämmen oder gar niederzuschlagen und so allmählich die Kontrolle über den Irak zurückzugewinnen. Das

Einzige, was den USA im Frühjahr und Sommer 1991 zupass gekommen wäre, wäre ein Militärputsch in Bagdad gewesen, bei dem Saddam Hussein und sein Tikriti-Clan gestürzt und durch eine Gruppe von Politikern und Offizieren ersetzt worden wäre, die eine an Frieden und Stabilität orientierte Politik betrieben hätten. Als alle Versuche hierzu scheiterten, gaben sich die Amerikaner notgedrungen mit der Fortdauer des Regimes von Saddam Hussein zufrieden. Der erste Preis, der dafür zu entrichten war, bestand darin, dass sie zusehen mussten, wie sich Saddam Hussein als Sieger im Kampf gegen die «Aggression der Dreißig» feiern ließ, wie der Zweite Golfkrieg im Irak genannt wurde.

Der asymmetrische Frieden, wie er im Frühjahr 1991 auf den asymmetrischen Krieg folgte, war so weder geplant noch in seiner Dauer wie seinen Folgen von den Siegern des Zweiten Golfkrieges gewollt. Dass dieser Zustand schließlich fast zwölf Jahre anhielt und bis zuletzt keine Aussicht auf seine Überwindung mit friedlichen Mitteln bestand, dürfte ein weiterer Grund dafür gewesen sein, dass die USA keine andere Möglichkeit zur Stabilisierung der Lage am Golf sahen, als einen neuerlichen Krieg zu führen.

Tatsächlich verdiente die politische Situation den Namen Frieden nicht. Das von der internationalen Gemeinschaft über den Irak verhängte Repressionsregime, an dessen direkten und indirekten Folgen wahrscheinlich mehrere hunderttausend Menschen im Irak gestorben sind, ließ die Aussicht auf eine Stabilisierung der Lage am Golf in immer weitere Ferne rücken. Die Verhältnisse wurden schließlich noch dadurch kompliziert, dass es immer wieder zu kleineren Kampfhandlungen kam, in denen die prinzipielle Asymmetrie der Lage symbolisch demonstriert wurde: etwa wenn amerikanische und britische Kampfflugzeuge Stellungen der irakischen Luftabwehr in der südlichen Flugverbotszone attackierten oder als Repressalie gegen bestimmte Entscheidungen des Regimes in Bagdad Angriffe auf Ziele auch außerhalb der Flugverbotszone flogen. Einige Beobachter haben sogar davon gesprochen, es sei seit Dezember 1998, als die zur Überwachung der irakischen Abrüstung eingesetzten UNSCOM-Inspektoren das Land verließen und die Amerikaner (und Briten) massive Angriffe gegen Ziele außerhalb der Flugverbotszonen flogen, zu einer schleichenden Wiederaufnahme des Krieges gegen den Irak gekommen.[19] Mit jedem Jahr, in dem dieser Zustand andauerte, wuchsen in der gesamten Region Erbitterung und Feindschaft gegen die USA. Der Weg, auf dem es in Europa nach 1945 gelungen war, Frieden und Stabilität herzustellen, war am Golf durch immer höhere Barrieren versperrt. Die humanitären Folgen der UN-Wirtschaftssanktionen, die nach einer WHO-Studie aus dem Jahr 2000 unter anderem dazu führten, dass im Irak 800 000 Kinder unter fünf Jahren chronisch unterernährt sind, wurden vor allem den USA angelastet und als das unmittelbare Ergebnis einer von ihnen zu verantwortenden Politik dargestellt. So heißt es in der im Februar 1998 veröffentlichten Erklärung Osama bin Ladens über die Bildung einer islamischen Front gegen die Amerikaner: «Trotz der vielen Zerstörungen, die die christliche Allianz den Irakis zugefügt hat, und trotz der großen Zahl von Opfern an Menschenleben, die eine Million übersteigt, versuchen die Amerikaner, diese entsetzlichen Massaker erneut anzurichten, als wären sie mit dem langen Boykott oder den Zerstörungen noch nicht zufrieden. Hierher kommen sie heute, um den Rest dieses Volkes auszurotten und seine muslimischen Nachbarn zu demütigen. [...] Alle diese Verbrechen und dieses Elend sind eine unverhüllte Kriegserklärung an Gott, seinen Propheten und die Muslime durch die Amerikaner.»[20]

Bin Ladens Erklärung bringt eine Mischung aus Demütigungserfahrung und Rachebedürfnis, Wut und verletztem Stolz zum Ausdruck, wie sie von vielen Menschen in der arabisch-muslimischen Welt empfunden wird. Sie ist im Wesentlichen das Ergebnis des seit 1991 über den Irak verhängten asymmetrischen

Friedens. Dabei sollte nicht unbeachtet bleiben, dass die politischen Positionen Osama bin Ladens und Saddam Husseins sehr weit auseinander liegen. Zwischen ihren Überzeugungen liegen zweifellos Welten. Es ist allein die Feindschaft gegenüber den USA, die sie in eine parallele Frontstellung gebracht hat. Allerdings gibt es keinerlei Beweise für irgendwelche gemeinsame Operationen, wie sie von einigen amerikanischen Autoren und der offiziellen US-Politik behauptet werden.

Die wachsende Feindseligkeit gegenüber den USA in der arabischen Welt, vor allem aber der Fortbestand von Saddams militärischem Bedrohungspotenzial, hatten zur Folge, dass die USA weiterhin erhebliche militärische Kräfte in der Region stationiert halten mussten. Deren Anwesenheit wiederum wurde von vielen Muslimen als eine Demütigung des Islam und Besetzung von Teilen der arabischen Welt erfahren. So gerieten die Amerikaner nach 1991 am Golf in eine Zwickmühle, aus der sie vorerst keinen Ausweg fanden und die sie nunmehr mit den Mitteln kriegerischer Gewalt zu beseitigen suchen.

Im Prinzip hätten sie auch den entgegengesetzten Weg nehmen können: den Rückzug ihrer Truppen, die Aufhebung der UN-Wirtschaftssanktionen und das zumindest faktische Ende des Waffenembargos. Aber das hätte zur Folge gehabt, dass Saddam Hussein in der arabischen Welt als Sieger und Bezwinger der amerikanischen Weltmacht gegolten hätte, dass er seine Hegemonialpolitik, die er seit 1980 in zwei Kriegen verfolgt hat, wieder hätte aufnehmen und sich dabei auf eine Reputation bei den arabischen Massen hätte stützen können, die ihm wahrscheinlich binnen kürzester Zeit eine grundlegende Veränderung der Machtverhältnisse in der arabischen Welt ermöglicht hätte. Saddam Hussein wäre dann mächtiger gewesen als je zuvor; militärisch zweimal gescheitert, hätte er zuletzt als der große politische Sieger dagestanden.

Damit wäre nicht nur die amerikanische Nahostpolitik zusammengebrochen, es wäre auch die militärische Bedrohung des

Staates Israel dramatisch gestiegen. Genau dieser Punkt ist in der deutschen Diskussion über den neuen Krieg am Golf nicht oder nur unzureichend wahrgenommen worden: dass es nach dem Aufbau der Drohkulisse gegen Saddam Hussein unmöglich war, diese wieder abzubauen, ohne den irakischen Diktator dadurch zu stärken. Und das wiederum hätte Israel in eine Situation gebracht, in der es verstärkt über einen Präventivkrieg gegen den Irak hätte nachdenken müssen.

Obendrein hätte eine Entwicklung, in deren Gefolge Saddam Hussein als Sieger dagestanden hätte, weltpolitische Konsequenzen von unübersehbarem Ausmaß gehabt. Denn natürlich hätten sich andere Politiker am «Erfolg» Saddam Husseins orientiert und auf ähnliche Weise versucht, ihren politischen Willen zur Geltung zu bringen. Pointiert formuliert heißt das: Wenn man sich, wie Saddam Hussein, mit militärischen Mitteln gegen die Weltmacht USA nicht zu behaupten vermag, kann man immer noch das eigene Volk als Geisel nehmen, es über ein Jahrzehnt darben und leiden lassen und darauf vertrauen, dass die andere Seite allein aufgrund ihrer Übermacht als der eigentliche Urheber dieser humanitären Katastrophe angesehen wird. Schließlich, so das Kalkül weiter, wird die Gegenseite unter dem so geschaffenen Druck der Weltöffentlichkeit in ihrem politischen Willen resignieren. Im Prinzip hat das Regime in Bagdad über ein Jahrzehnt diese politische Linie verfolgt. Es hat den Anschein, als habe es in den Nordkoreanern bereits jetzt gelehrige Schüler gefunden. Von den beiden Optionen, die die Amerikaner unter diesen Umständen hatten – einerseits Resignation und die Hegemonie Saddam Husseins in der arabischen Welt, andererseits Krieg mit dem Ziel der endgültigen Zerschlagung des Regimes –, haben sie schließlich letztere gewählt.

Bei genauerer Betrachtung zeigt sich also sehr wohl eine Verbindung zwischen dem Irak und seiner Lage nach 1991 und der Entstehung des Terrornetzwerks al-Qaida, nur ist diese Verbindung ganz anders, als sie von den Amerikanern in der Öffentlichkeit dargestellt wurde. Während die offizielle amerikanische Sichtweise nämlich besagt, dass der Irak das Terrornetzwerk direkt unterstützt (wofür es keinerlei Beweise gibt und was auch ziemlich unwahrscheinlich ist)[21], haben die katastrophale humanitäre Situation im Irak, die Präsenz amerikanischer Soldaten auf der arabischen Halbinsel sowie die damit verbundene Demütigung der Muslime die Sympathiewerte für Osama bin Laden und al-Qaida in der arabischen Welt deutlich erhöht. Nicht zuletzt die Lage in und um Irak hat al-Qaida Kämpfer sowie Finanzmittel in der Form von Spenden und Schenkungen zugeführt, die das Netzwerk erheblich gestärkt und womöglich erst handlungsfähig gemacht haben. Auch insofern war der Zustand am Golf nach den Anschlägen vom 11. September für die Amerikaner untragbar geworden.

In bin Ladens Erklärung über die Bildung einer islamischen Front «gegen Zionisten und Kreuzfahrer» heißt es in direktem Anschluss an die Klagen über das Leid, dem das irakische Volk durch die US-Politik ausgesetzt sei: «Auf Grund dieser Tatsachen und um dem Allmächtigen zu gehorchen, sprechen wir hiermit gegenüber allen Muslimen das folgende *fatwa* aus: Die Amerikaner und ihre Verbündeten, ob Zivilisten oder Militärs, zu töten und zu bekämpfen ist die Pflicht eines jeden Muslims in jedem Land, der dazu in der Lage ist. [...] Im Namen Gottes rufen wir jeden Muslim, der an Gott glaubt und um Vergebung bittet, auf, dem Befehl Gottes zu gehorchen, indem er Amerikaner tötet und ihr Geld stiehlt, jederzeit und wann immer es möglich ist. Des Weiteren rufen wir muslimische Gelehrte, ihre treuen Führer, junge Gläubige und Soldaten dazu auf, gegen die amerikanischen Satanssoldaten und ihre Verbündeten des Teufels zum Angriff überzugehen.»[22]

Die dauerhafte Präsenz der USA am Golf verursachte also Kosten, die weit über die des Militäreinsatzes und seiner Rahmenerfordernisse hinausgingen. Die auf den neuen Golfkrieg abzielende amerikanische Politik war deshalb auch von dem Interesse bestimmt, die fiskalischen und politischen Kosten des Engagements mittelfristig zu senken. So war der letzten Endes ausschlaggebende Grund für den dritten Krieg am Golf die Unerträglichkeit des asymmetrischen Friedens.

Nach der Besetzung Kuwaits durch irakische Truppen im August 1990 hatten die Vereinten Nationen Handels- und Wirtschaftssanktionen über den Irak verhängt, die den Rückzug der Streitkräfte und die Wiederherstellung der kuwaitischen Souveränität zum Ziel hatten. Die Sanktionen wurden in die Waffenstillstandsbedingungen vom Februar 1991 übernommen. Ihre Aufhebung machte man von einer umfassenden Abrüstung des Irak abhängig, und die Abrüstung wiederum sollte von UN-Inspektoren überwacht werden. Dabei ging es vor allem um die Zerstörung der Massenvernichtungswaffen, insbesondere der chemischen und bakteriologischen Kampfstoffe, sowie aller Bestandteile des irakischen Programms zum Bau einer eigenen Atombombe. Darüber hinaus musste der Irak sämtliche Raketen mittlerer und größerer Reichweite vernichten, mit denen er die Zentren seiner Nachbarstaaten hätte bedrohen können.

Wäre es allein und ausschließlich um die Abrüstung des Irak gegangen, so müsste man das UN-Sanktionsregime während der ersten Hälfte der 90er Jahre als ausgesprochen effektiv bezeichnen. Allen Hinhalte- und Verzögerungstaktiken der irakischen Seite zum Trotz gelang es den Inspektoren der UNSCOM, den Irak dazu zu veranlassen, nahezu sämtliche Massenvernichtungswaffen zu zerstören. Im Raketenbereich galt der Irak Mitte der 90er Jahre als abgerüstet.[23] Sah man von kleineren Mengen an Massenvernichtungswaffen ab, die sich auf etwa fünf Prozent der ursprünglichen Bestände belaufen dürften, konnte der Irak im Jahre 1998, als die UNSCOM-Inspektoren das Land überstürzt verließen, in dieser Hinsicht ebenfalls als abgerüstet gelten. Auf dieser Grundlage hätte man das Sanktionsregime aufheben und dem Irak wieder eine selbständige wirtschaftliche Entwicklung gestatten können. Eine entsprechende Beschlussfassung des UN-Sicherheitsrats ist von Frankreich, China und Russland ins Spiel gebracht worden. Warum haben sich Briten und Amerikaner einer solchen Politik verweigert und auf der Fortsetzung des Sanktionsregimes bestanden? Man wird davon ausgehen müssen, dass es insbesondere den USA von vornherein nicht nur um die Abrüstung des Irak, sondern vor allem um den Sturz Saddam Husseins und die Installierung eines eher an Prosperität als an Hegemonie orientierten Regimes gegangen ist. Von Beginn an haben die USA, und zwar die Regierung der Republikaner wie die der Demokraten, die Politik des Embargos und der Sanktionen mit der Erwartung verbunden, sie werde zum Sturz Saddam Husseins führen. Eine wirtschaftlich unerträgliche Lage sollte dem Diktator die Gefolgschaft entziehen und den Widerstand großer Teile der Bevölkerung wachsen lassen, bis schließlich eine breite Offiziersfront dem Regime des Tikriti-Clans ein Ende bereiten würde. Diese Politik ist auf der ganzen Linie gescheitert.[24] Zwar kam es zu einer Reihe von Putschversuchen, die jedoch allesamt fehlgeschlagen sind, Massenwiderstand in der Bevölkerung vermochte sich unter den Bedingungen der Diktatur nicht zu formieren, und schließlich trat genau das Gegenteil dessen ein, was man zu erreichen gehofft hatte: Das Regime Saddam Husseins stabilisierte sich, und zu Beginn des 21. Jahrhunderts saß es wieder so fest im Sattel wie auf dem Höhepunkt seiner vormaligen Machtentfaltung.[25]

Warum konnte sich die amerikanische Seite mit dieser Entwicklung nicht abfinden, sondern hat seit Ende 1998, also noch lange vor Ablauf der Amtszeit Bill Clintons, die neuerliche Konfrontation gesucht? Spätestens die Aktion *Desert Fox* vom Dezember 1998, als amerikanische und britische Kampfflugzeuge massiv irakische Ziele angriffen, war gleichbedeutend mit dem Eingeständnis der USA, dass ihre bis dahin verfolgte Politik gescheitert war. Es war dies eine Politik, die geglaubt hatte, ein Regimewechsel im Irak, der mit einer grundlegenden Neuorientierung der politisch-militärischen Eliten des Landes verbunden sein musste, lasse sich allein mit wirtschaftlichen Instrumenten erreichen.

Mit dem Eingeständnis des Scheiterns stand automatisch die militärische Option wieder auf der Tagesordnung. Rückblickend wird man sagen können, dass es – unabhängig vom Präsidentenwechsel in den USA – nur eine Frage der Zeit war, bis es zum nächsten militärischen Konflikt am Golf kommen würde. Der passende Zeitpunkt war nach der erfolgreichen Zerschlagung des Taliban-Regimes in Afghanistan in Sichtweite gekommen. Spätestens von da an steuerte die Bush-Regierung konsequent auf einen neuen Krieg am Golf zu.

Neben der Abrüstung der Massenvernichtungswaffen sowie Raketen mittlerer und größerer Reichweite hatten die Waffenstillstandsbedingungen auch weit gehende Reparationsverpflichtungen des Irak gegenüber Kuwait zum Inhalt. Den Grundprinzipien der jüngeren Völkerrechtsentwicklung entsprechend, hatte der UN-Sicherheitsrat im April 1991 beschlossen, dass der Irak für alle Verluste und Schäden, die im Zusammenhang mit der Invasion und Besetzung Kuwaits entstanden waren, haften müsse. Der Gesamtwert der bis zu Beginn des Jahres 2000 bei der UNCC, der mit den Reparationsansprüchen befassten UN-Behörde, eingegangenen kuwaitischen Entschädigungsanträge belief sich auf 370 Milliarden US-Dollar.[26] Wenn von diesen Anträgen, wovon auszugehen ist, insgesamt etwa ein Drittel anerkannt wird, wäre das eine Summe, die den Einnahmen aus etwa zehn Jahren irakischen Ölexports entspräche. Solche Aussichten versammelten die irakische Bevölkerung eher hinter Saddam Hussein, als dass sie zum Widerstand und Sturz motivierten. Die Verpflichtung war also kontraproduktiv im Hinblick auf eine Destabilisierung des Regimes.

Selbstverständlich hatte die von den Vereinten Nationen über den Irak verhängte Reparationspolitik ihren Sinn: Es handelte sich um eine Maßnahme zur exemplarischen Erhöhung der Kriegskosten für den ursprünglichen Angreifer, die eventuelle Nachahmer einer solchen Politik abschrecken sollte. In jedem Fall würden die Kosten einer gewaltsamen Annexion benachbarter Territorien in Zukunft höher sein als deren potenzieller Ertrag. Dennoch hätte den Siegern des Zweiten Golfkrieges ebenso wie den Vereinten Nationen klar sein müssen, dass solche auf Lerneffekte in der internationalen Politik ausgerichtete Maßnahmen kaum geeignet waren, innere Veränderungen im Irak zu befördern. Sie würden im Gegenteil vielmehr erheblich dazu beitragen, dass von der irakischen Bevölkerung die Kriegskoalition und die Vereinten Nationen, nicht aber der für die irakische Politik mitsamt ihren desaströsen Folgen verantwortliche eigene Präsident als Feind angesehen wurde. Man wiederholte gewissermaßen die Fehler, die auch die Siegermächte des Ersten Weltkrieges im Friedensvertrag von Versailles gemacht hatten, und schuf so eine Situation, in der die unterlegene Seite fast zwangsläufig in eine Politik der Revision des Status quo hineingedrängt wurde.

Spätestens im Sommer 1992, als klar war, dass Saddam Hussein so schnell nicht von der politischen Bühne verschwinden würde, hätten sich UNO und USA entscheiden müssen, was ihnen wichtiger war: die abschreckenden Lerneffekte im Bereich der internationalen Politik durch eine exemplarische Bestrafung des Irak oder die wirtschaftliche Konsolidierung des Landes, mit oder ohne Saddam Hussein, als Voraussetzung für eine politische Stabilisierung am Golf. Da man sich jedoch weder für das eine noch für das andere entscheiden wollte oder konnte, verfehlte man schließlich beide Ziele: Saddams Regime stabilisierte sich, und der Irak blieb ein Unruhefaktor in der gesamten Region. In der internationalen Politik wurde aus der Entwicklung am Golf vor allem gelernt, dass man sich Vertragsbruch und Aggression nur leisten kann, wenn man über Atomwaffen und entsprechende Trägersysteme verfügt. Die Politik Nordkoreas seit der Jahreswende 2002/2003 ist das wohl verhängnisvollste Ergebnis der gescheiterten Irakpolitik nach 1992.

Hauptleidtragender der über den Irak verhängten Wirtschaftssanktionen war die Zivilbevölkerung: Seit Ende des Zweiten Golfkrieges sind nach UNICEF-Schätzungen mehr als eine Million Menschen im Irak an den unmittelbaren oder mittelbaren Folgen des durch die Sanktionen verursachten Mangels gestorben. Die Zahl mag zu hoch gegriffen sein, aber selbst die Halbierung der geschätzten Angaben zeigt, dass unter dem Regime der UN eine Situation entstand, die für die irakische Bevölkerung unerträglich, für die gesellschaftlichen und intellektuellen Eliten der anderen arabischen Länder demütigend und für die humanitären Selbstrechtfertigungen der westlichen Welt desaströs war. Die Akzeptanz und Attraktivität der USA in der arabischen Welt schwanden mit jedem Monat, in dem der asymmetrische Frieden fortbestand, weiter dahin. Zwar war der Import von Lebensmitteln, Medikamenten sowie Gütern des zivilen Grundbedarfs ausdrücklich von den Embargo- und Sanktionsbestimmungen ausgenommen, aber der Irak war auf Devisen aus Erdölverkäufen angewiesen, um diese Güter finanzieren und einführen zu können. Weil jedoch Erdölexporte sanktioniert waren, fehlten eben auch die Devisen zum Ankauf von Gütern des zivilen Grundbedarfs. Da der Irak etwa 75 Prozent seiner Konsumgüter importieren musste, waren Unterernährung, erhöhte Kindersterblichkeit sowie Cholera und Typhus infolge schlechter Wasserqualität[27] das sich schon bald einstellende Ergebnis der Sanktionspolitik.

Die UN-Resolution 986, die zur Grundlage des Öl-für-Nahrung-Abkommens wurde, das 1996 in Kraft trat, suchte Abhilfe zu schaffen. So wurde dem Irak pro Halbjahr der Export von Erdöl in Höhe von zwei Milliarden US-Dollar erlaubt, allerdings unter der Voraussetzung, dass die so erzielten Erlöse von einer UN-Kommission verwaltet und verteilt werden. Zudem war (und ist) vorgesehen, dass 59 Prozent der Einnahmen der irakischen Zentralregierung zum Ankauf von Lebensmitteln und Medikamenten zur Verfügung gestellt werden. 13 Prozent werden an die von den Kurden autonom regierten Nordprovinzen abgeführt, 25 Prozent bedienen die kuwaitischen Reparationsforderungen, und die restlichen drei Prozent werden für die Umsetzung der den Irak betreffenden UN-Resolutionen verwandt.

Wegen der in den Abkommen enthaltenen Souveränitätsbeschränkungen war die irakische Regierung zunächst nur sehr zögerlich auf das Öl-für-Nahrung-Abkommen eingegangen, hat es aber schließlich offiziell doch akzeptiert, allerdings nur, um sofort alle Möglichkeiten zu nutzen, es zu unterlaufen. Tatsächlich hat sich seit 1997 die Lebensmittelversorgung im Irak deutlich verbessert; wenn auch um den Preis, dass ein umfänglicher Schwarzmarkt entstanden ist, was wiederum dazu geführt hat, dass die Ärmeren und diejenigen ohne Zugang zu Staatsprivilegien erheblich benachteiligt sind und weiterhin Probleme haben, bestimmte Lebensmittel und Medikamente zu bekommen.

Die Frage, wer für die Engpässe verantwortlich war, wurde bald zu einem propagandistischen Streitpunkt zwischen dem Irak und den USA. Während die irakische Seite die USA für den Tod einer halben Million Kinder verantwortlich gemacht hat und darin durch die Rücktritte der UN-Koordinatoren für humanitäre Fragen gestützt wurde, werfen die USA dem Irak vor, durch sein zögerliches Agieren bei der Annahme und Umsetzung des Öl-für-Nahrung-Abkommens die verhängnisvolle Entwicklung selbst verschuldet zu haben. Außerdem habe man 1998 die Menge der zulässigen Erdölexporte heraufgesetzt und die Begrenzungen im folgenden Jahr gänzlich aufgehoben. Der Irak habe den damit vorhandenen Spielraum jedoch nie voll ausgeschöpft. Stattdessen habe die Regierung heimlich Medikamente und Nahrungsmittel an andere Länder verkauft, um sich auf diese Weise Devisen zu beschaffen, mit denen sie ihr ebenfalls heimlich betriebenes Wiederaufrüstungsprogramm finanziert habe.

Sicher ist, dass sich das Regime des Irak in der Vergangenheit immer wieder geweigert hat, die Versorgungslage der Bevölkerung zu verbessern, solange die Souveränität des Landes nicht wieder hergestellt war. Saddam Hussein hat, zugespitzt formuliert, die eigene Bevölkerung als Geisel genommen, um durch deren Leid und Elend die das Sanktionsregime tragenden Mächte vor der Weltöffentlichkeit ins Unrecht zu setzen. Andererseits sorgten die USA und Großbritannien in den entsprechenden Gremien der UNO für eine überaus restriktive Genehmigungspraxis, durch die sie beispielsweise den Import von Ersatzteilen für Elektrizitätswerke und Raffinerien sowie von Chemikalien für Kläranlagen blockierten. Dementsprechend ist immer wieder der Verdacht geäußert worden, es gehe gar nicht darum, die militärische Wiederaufrüstung, sondern den industriellen Wiederaufbau des Landes unter dem gegenwärtigen Regime zu verhindern.

Bei einem Land, das auf dem Höhepunkt seiner Aufrüstungspolitik etwa 50 Prozent des Bruttosozialprodukts für Militärausgaben verwandt hat, ist freilich schwer zwischen Wiederaufrüstung und Wiederaufbau zu trennen. Von Anfang an scheinen die Amerikaner der Auffassung zugeneigt zu haben, dass eine zuverlässige Unterscheidung zwischen Wiederaufrüstung und Wiederaufbau erst nach einem Regime- und einem grundlegenden Politikwechsel in Bagdad möglich sei. Deswegen unterbanden sie grundsätzlich den Import so genannter *Dual-use*-Güter, also von Produkten, die sowohl für zivile als auch für militärische Zwecke verwendet werden können. In Anbetracht der Bedeutung, die elektronische Geräte für die Führung von Armeen haben, lief dies tatsächlich auf eine Blockade des industriellen Wiederaufbaus im Irak hinaus. Auch das war Ausdruck der Unfähigkeit, Frieden zu schließen. Der asymmetrische Frieden trieb fast zwangsläufig in die Richtung eines neuen Krieges.

6 Eine internationale
Drei-Klassen-Gesellschaft

Die Vereinten Nationen und das Völkerrecht in einer US-dominierten Weltordnung

Wenn die bislang vorgetragene Analyse richtig ist, wonach weder eine aktuelle Bedrohung der USA durch irakische Massenvernichtungswaffen vorlag noch eine direkte Verbindung zwischen dem Irak beziehungsweise, präziser, der irakischen Regierung und dem Terrornetzwerk al-Qaida nachweisbar war, dann können sich die Vereinigten Staaten bei der Legitimation einer Militäroperation gegen den Irak auch nicht ernstlich auf Artikel 51 der UN-Charta berufen, in dem das Recht auf Selbstverteidigung im Falle eines bewaffneten Angriffs geregelt ist. Selbst bei weitester Auslegung dessen, was man noch als bewaffneten Angriff bezeichnen kann, wird man das Vorhandensein chemischer und bakteriologischer Kampfstoffe im Irak – sofern er nicht über Interkontinentalraketen verfügt – kaum als eine unmittelbare und nur durch militärische präventive Maßnahmen zu beseitigende Bedrohung der USA ansehen können. Unmittelbarkeit der Bedrohung und Verhältnismäßigkeit der zu ihrer Abwehr gebrauchten Gewalt ist nach vorherrschender Auffassung aber die zwingende Voraussetzung dafür, dass von einem militärischen Präventivschlag als einer Verteidigungsmaßnahme nach Artikel 51 UN-Charta gesprochen werden kann. Von beidem kann im vorliegenden Fall nicht die Rede sein.

Der in diesem Zusammenhang hilfsweise ins Spiel gebrachte Hinweis auf enge Kontakte zwischen der irakischen Führung und dem Terrornetzwerk al-Qaida ist völkerrechtlich kaum überzeugend. Zwar hat al-Qaida am 11. September 2001 tatsächlich ohne jegliche vorangegangene Warnung die USA angegriffen und dem Land schweren Schaden zugefügt, sodass zur Prävention eines mit Massenvernichtungswaffen geführten neuerlichen Terrorangriffs ein Militärschlag gegen die Lagerstätten solcher Waffen im Irak die Billigung der UNO finden würde. Aber eine Verbindung zwischen Saddam Hussein und Osama bin Laden ist bislang nicht erkennbar geworden und dürfte auch nach Ende des Krieges kaum beweisbar sein. Es gibt zweifellos Zusammenhänge zwischen der Entstehung terroristischer Gruppen im arabischen Raum, die ihre Aktionen gegen die USA richten, und der Politik Saddam Husseins, aber sie sind indirekter Art, waren von der irakischen Führung nicht intendiert und insofern als völkerrechtliche Rechtfertigung eines Präventivkrieges kaum geeignet.

Die völkerrechtliche Fragwürdigkeit, um nicht zu sagen Völkerrechtswidrigkeit, des amerikanischen Angriffs auf den Irak tritt noch deutlicher hervor, wenn die hier herausgearbeiteten Hauptmotive der US-Politik für den Sturz Saddam Husseins und einen Regimewechsel in Bagdad zutreffend sind:

▷ die Angst vor einer gefährlichen Überdehnung der Kräfte infolge eines dauerhaften militärischen Engagements in der Golfregion;

▷ die nicht mehr akzeptable strategische Zwickmühle des asymmetrischen Friedens, aus deren Beendigung für Saddam Hussein kein Machtzuwachs und für die Amerikaner kein Gesichtsverlust resultieren darf;

▷ schließlich die Sorge um die politische und wirtschaftliche Stabilität der gesamten Golfregion, die eine mit möglichst geringem Kostenaufwand betriebene Installierung eines Prosperitätsregimes im Irak erforderlich macht.

Diese Überlegungen rechtfertigen, auch wenn sie politisch womöglich vernünftig sind, aus der Sicht des Völkerrechts jedoch keinen Verteidigungskrieg nach Artikel 51 der UN-Charta und schon gar nicht in der denkbar extensivsten Auslegung dessen, was von Seiten der Amerikaner als *preemptive strikes* bezeichnet wird.

Der Konflikt zwischen der fortdauernden Geltung des Verbots von Angriffskriegen – eigentlich eines prinzipiellen Gewaltverbots in der internationalen Politik – und der amerikanischen Auffassung, wonach die einzig verbliebene Supermacht ein Recht, ja geradezu die Pflicht zum Präventivkrieg habe, wenn sie selbst oder einer ihrer Verbündeten bedroht sei, beschränkt sich freilich nicht auf den Dritten Golfkrieg, sondern ist grundsätzlicher Art. In der im September 2002 veröffentlichten neuen Nationalen Sicherheitsstrategie (NSS) der USA ist er auf die grundsätzliche Ebene gehoben worden. Dort heißt es: «Jahrhundertelang erkannte das Völkerrecht an, dass Staaten nicht erst einen Angriff erleiden müssen, bevor sie sich rechtmäßig gegen Streitkräfte verteidigen können, von denen eine unmittelbare Gefahr ausgeht. Rechtswissenschaftler und Völkerrechtler machen die Legitimation der Präemption häufig von der Existenz einer unmittelbaren Bedrohung abhängig, die sich meistens in der Form sichtbarer Mobilisierung von Land-, See- und Luftstreitkräften manifestierte, die sich auf einen Angriff vorbereiten.»

Dass diese Regeln unter den Bedingungen gewandelter Bedrohungsszenarien ebenfalls verändert werden müssten, macht die neue Nationale Sicherheitsstrategie im unmittelbaren Anschluss an die zitierte Passage deutlich: «Wir müssen das Konzept der unmittelbaren Bedrohung an die Fähigkeiten und Ziele der heutigen Gegner anpassen. Schurkenstaaten und Terroristen wollen uns nicht auf konventionelle Weise angreifen. Sie wissen, dass solche Angriffe zum Scheitern verurteilt wären. Stattdessen setzen sie auf Terrorakte und potenziell auf den Einsatz von Massenvernichtungswaffen, die leicht versteckt und aus dem Verborgenen heraus und ohne Vorwarnung eingesetzt werden können.«[1] Will sagen: Die Unmittelbarkeit der Bedrohung kann unter den Bedingungen des asymmetrischen Krieges, dessen extremer Ausdruck der Terrorismus ist, nicht länger als Voraussetzung für die völkerrechtliche Zulässigkeit eines Präventivkrieges gelten.

Die Argumentation des amerikanischen Papiers ist durchaus nachvollziehbar: In der Zeit symmetrischer Kriege war eine unmittelbare Bedrohung leicht zu erkennen, weil der Gegner dafür *sichtbare* Schritte unternehmen musste. Man konnte mit seinen Mobilisierungsbemühungen gleichziehen und ihm im entscheidenden Augenblick zuvorkommen. Unter den Bedingungen asymmetrischer Kriege ist das nicht mehr der Fall: Der Gegner ist unsichtbar und unberechenbar, seine Angriffe erfolgen ohne Ankündigung und ohne erkennbare Vorbereitung.[2] Wer sich gegen solche Feinde wirkungsvoll schützen will, muss sie angreifen, sobald er von ihrer Existenz und ihren Plänen weiß. Jedes Abwarten und Zögern kann verhängnisvolle Konsequenzen haben. Darauf hat vor allem die Sicherheitsberaterin des amerikanischen Präsidenten, Condoleezza Rice, mehrfach hingewiesen.

Umgekehrt gilt die Gefahr verhängnisvoller Konsequenzen ebenso für zu frühe, oft willkürliche Aktionen, bei denen der Gegner noch nicht präzise identifiziert, seine Planungen unklar und die mit dem Angriff verbundenen Risiken unkalkulierbar sind. Präventivschläge können dann den entgegengesetzten Effekt des Beabsichtigten haben: Statt den Terrorismus zu bekämpfen, bringen sie ihn womöglich erst hervor. Gewaltanwendung gegen andere Staaten oder gegen quasiprivate Gewaltakteure auf den Territorien anderer Staaten wird, wenn man der Argumentation der NSS 2002 folgt, immer häufiger werden. In einem Klima hysterisierter Sicherheitserwartungen wird es zu Fehlschlägen kommen, aber auch bei den Angriffen auf wirkliche Terroristen und die tatsächlichen Verstecke von Massenvernichtungswaffen werden Unbeteiligte getötet und verwundet werden.

Wird eine solche Praxis der Präventivschläge extensiv gehandhabt, so ist das in Artikel 2, Ziffer 4 der UN-Charta formulierte Gewaltverbot in den internationalen Beziehungen hinfällig geworden. Gewaltanwendung und in ihrem Gefolge auch der Krieg werden dann wieder Mittel zur Entscheidung umstrittener Fragen sein, und das Völkerrecht wird dieser sich unter Berufung auf Artikel 51 der UN-Charta vollziehenden Entwicklung keinen Einhalt gebieten können.

Das würde freilich keine Rückkehr zum nichtdiskriminierenden Kriegsbegriff der alten Staatenwelt bedeuten, die den Krieg nicht zuletzt darum in die Entscheidung eines jeden Souveräns stellen konnte, weil sie ihn symmetrisiert und damit einer spezifischen Rationalität der Akteure unterworfen hatte. Akteursrationalität unter symmetrischen Handlungsbedingungen heißt, dass der Vorteil, den man sich vom Kriegseintritt erwartet, in dessen Verlauf in einen ebenso großen, wenn nicht größeren Nachteil umschlagen kann. Das ist unter den Bedingungen asymmetrischer Kriegführung grundsätzlich anders: Asymmetrien der Stärke wie Asymmetrien der Schwäche beruhen auf einer Nichtwägbarkeit von Vor- und Nachteilen, und darum folgt die Logik der Gewaltanwendung hier einem prinzipiell an Eskalation orientierten Kalkül.[3] Bezogen auf die USA heißt das: Bei der Bekämpfung von Terroristen und der Zerstörung von Massenvernichtungswaffen erlangt derjenige die größten Vorteile, der als Erster und mit äußerster Entschlossenheit zuschlägt. Eine Deeskalation durch Verzicht auf die nächste Stufe der Gewalt, wie sie in zwischenstaatlichen Konflikten immer wieder zu beobachten ist, macht hier keinen Sinn, weil für jede Seite der Gebrauch der Gewalt und nicht der Verzicht auf Gewalt von Vorteil zu sein scheint.

Es gibt also gute Gründe dafür, auch und gerade unter den Bedingungen asymmetrischer Konfliktlagen am strikten Gewaltverbot der UN-Charta festzuhalten. Aber es ist ganz unwahrscheinlich, dass irgendein politischer Akteur, der durch einen Schwächeren mit asymmetrischen Gewaltmitteln herausgefordert wird, seinerseits auf den Gebrauch militärischer Mittel verzichten beziehungsweise sich durch die UN-Charta davon abhalten lassen wird. Darum steht zu erwarten, dass all die Staaten, die es sich militärisch leisten können und sich davon einen erkennbaren Vorteil versprechen, in Zukunft dem amerikanischen Beispiel folgen und das Gewaltverbot der UN-Charta unter Berufung auf den Verteidigungsfall unterlaufen werden – durchaus im Wissen darum, dass der politischen Ordnung in ihrer Gesamtheit daraus eine Fülle von Nachteilen erwächst, aber zugleich in dem Bewusstsein, dass jeder einzelne politische Akteur, der in asymmetrischen Konflikten entschlossen und präventiv Gewaltmittel einsetzt, daraus erhebliche Vorteile ziehen kann. Gerade in Demokratien werden Politiker, die partikulare Interessen ihrer Staaten nicht verfolgen, weil sie die Gesamtbilanz der Staatenwelt im Auge haben, nicht lange an der Macht bleiben. Es gibt also unter den Bedingungen, die nach dem Ende des Ost-West-Konflikts entstanden sind, eine machtpolitische Dynamik, welche die Geltung des völkerrechtlich festgeschriebenen Gewaltverbots zunehmend erodieren lässt.

Dabei war das grundsätzliche Gewaltverbot, wie es in der UN-Charta formuliert worden ist, ein deutlicher Fortschritt im Vergleich zu vorangegangenen Versuchen, den Krieg und insbesondere den Angriffskrieg für völkerrechtswidrig zu erklären.[4] Sie hatten zu endlosen Diskussionen über die Definition des Angriffskrieges geführt, die sich zumeist an der richtigen Gesinnung festgemacht hatten und selten zu tatbestandsmäßig-juristischen Definitionen vorgedrungen waren.[5] Das Verbot der Gewaltanwendung oder Gewaltandrohung, wie es in der UN-Charta ausgesprochen wird, umgeht dagegen den Streit um die Definition von Krieg und Angriffskrieg. Doch die Lösung, den wohl definitorisch nicht zu fassenden Begriff des Angriffskrieges zu vermeiden und ihn durch den Begriff der Gewalt zu ersetzen, hatte den Preis, dass eine Reihe von Ausnahmetatbeständen aufgenommen werden musste, unter deren Deckmantel die Gewalt dann doch wieder jenen Platz einnahm, von dem sie gerade vertrieben worden war.

Das war zunächst die in Artikel 51 erklärte ausdrückliche Ausnahme der Selbstverteidigung und sodann die Zulassung militärischer Sanktionen gegen Völkerrechtsbrecher, wie sie in Artikel 42 umschrieben werden. Diese beiden in der UN-Charta genannten Ausnahmetatbestände wurden in den letzten Jahrzehnten schließlich noch durch mehrere gewohnheitsrechtliche Aufhebungen des Gewaltverbots ergänzt, zum Beispiel durch das Recht auf Schutz eigener Staatsangehöriger auf dem Territorium eines anderen Staates, etwa bei Geiselnahmen und Flugzeugentführungen oder bei Evakuierungsaktionen im Falle von Staatsstreichen und Bürgerkriegen; im Zusammenhang mit der Ausübung des Selbstbestimmungsrechts der Völker wurde der Einsatz von Gewalt – im Rahmen von Entkolonisierungskriegen etwa – ebenfalls für zulässig erklärt. Und schließlich wurden auch so genannte humanitäre militärische Interventionen vom Gewaltverbot ausgenommen.[6]

Jeder einzelne dieser Ausnahmefälle mag gute Gründe für sich gehabt haben, aber im Ergebnis war das Gewaltverbot damit derart ausgehöhlt, dass fraglich ist, ob davon überhaupt noch die Rede sein konnte. Allerdings stellte sich dieses Problem lange Zeit nicht in voller Schärfe, weil durch den Ost-West-Konflikt die Handlungsfähigkeit der Generalversammlung wie des Sicherheitsrats der Vereinten Nationen stark eingeschränkt war. In einer Form von machtpolitischem Realismus ging man davon aus, dass beide Blöcke Konflikte miteinander nach anderen Prinzipien als denen des Völkerrechts regeln würden und dass innerhalb der Blöcke ebenfalls andere Grundsätze vorherrschten. Bekanntestes Beispiel hierfür war die Breschnew-Doktrin von der eingeschränkten Souveränität der Staaten des Warschauer Pakts, aber ebenso die Praxis militärischer Interventionen der Vereinigten Staaten in Mittelamerika und in der Karibik, die als so genannter Hinterhof der USA gleichsam zum territorial definierten Ausnahmegebiet wurden. Solche «Hinterhöfe» wurden auch der Sowjetunion und China zugestanden.

Diese realpolitische Relativierung der Erwartungen in die Geltung des Völkerrechts und die Anwendung der UN-Charta hatte mit dem Ende des Ost-West-Konflikts keine Grundlage mehr. Nun erst, so die häufig geäußerte Annahme, könne umgesetzt werden, was bei Gründung der Vereinten Nationen angestrebt worden sei. Vor allem der Zweite Golfkrieg, die Befreiung Kuwaits durch eine amerikanisch geführte Kriegskoalition im Auftrag der Vereinten Nationen, verleitete die internationale Gemeinschaft zur Selbsttäuschung, in der viele den UN-Sicherheitsrat als Ort verbindlicher und wirksamer Konfliktregulierung sahen: von der Konfliktbeilegung durch Verhandlungen bis zur Alleinverfügung über die Anwendung legitimer Gewalt. Gelegentlich war sogar zu hören, der UNO sei das Monopol der legitimen physischen Gewaltsamkeit in der internationalen Politik zugewachsen. Dabei wurde regelmäßig die Fülle der oben skizzierten Ausnahmetatbestände übersehen. Übersehen wurde aber auch, dass die UNO über keine eigenen Truppen verfügt, sondern zur Durchsetzung des Völkerrechts auf die Bereitschaft der Mitgliedstaaten angewiesen ist, der Weltorganisation Streitkräfte für Blauhelm- oder Kampfeinsätze zur Verfügung zu stellen. Man kann darüber streiten, ob es ein Fehler der UNO war, auf die Berufung eines eigenen Generalstabsausschusses zur Führung der UN-mandatierten Truppen, etwa im Falle der Befreiung Kuwaits, zu verzichten, oder ob darin nicht vielmehr die Einsicht in die Aussichtslosigkeit eines solchen Unterfangens erkennbar wird. In diesem Fall hätten nämlich nur kleinere Staaten, auf keinen Fall aber die USA, den Vereinten Nationen Truppen zur Verfügung gestellt, und die Befreiung Kuwaits wäre aus militärischer Sicht nicht möglich gewesen. Ein militärisches Scheitern der UNO am Golf wäre jedoch ihrem Absinken in die Bedeutungslosigkeit gleichgekommen. So entschied man sich, Truppen einer unbestimmten Gruppe hilfswilliger Staaten unter deren eigenem militärischem Kommando heranzuziehen, und eröffnete damit die Möglicheit, dass diese unter dem Mantel von UN-Mandaten ihre eigenen Ziele und Absichten verfolgen konnten. Was hier aufbrach, war die unüberbrückbare Kluft zwischen völkerrechtlichen Regelungen und der Grammatik militärischen Handelns. Zwar hätte man im Zweiten Golfkrieg zum Beispiel versuchen können, alle Maßnahmen, die über die Befreiung Kuwaits im unmittelbaren militärischen Sinne hinausgingen, wieder der Zuständigkeit des Sicherheitsrates zu unterstellen. Es ist jedoch kaum anzunehmen, dass der US-Oberkommandierende sich in die Durchführung der Militäroperationen hätte hineinreden lassen.[7] Militärisch handlungsfähig, vor allem gegen einen von Umfang und Ausrüstung seiner Streitkräfte her ernst zu nehmenden Gegner, sind die Vereinten Nationen nur durch die Mandatierung von militärisch handlungsfähigen Mitgliedstaaten, und die wiederum haben eine mehr oder minder stark ausgeprägte Neigung, das UN-Mandat nach ihrem eigenen Belieben auszulegen. Was unter den *serious consequences* beziehungsweise *severest consequences* der Sicherheitsratsbeschlüsse zu verstehen ist, wird dann von den mandatierten Akteuren selbst festgelegt. In der völkerrechtlichen Literatur wird dies inzwischen als eine «Privatisierung» der kollektiven Sicherheit durch die militärischen Führungsmächte beklagt.[8] Das gilt für Russland, China und Frankreich (in Afrika) in regionalem und für die USA in globalem Maßstab.

Man kann die Veränderungen, die nach dem Ende des Ost-West-Konflikts in Gang gekommen sind – die neue Rolle des UN-Sicherheitsrates, die Fortschreibung des Völkerrechts sowie die sich darauf gründenden Konzeptionen der kollektiven Sicherheit –, in zwei entgegengesetzte Richtungen interpretieren und daraus je nachdem unterschiedliche Konsequenzen ziehen. Man kann darin den Beginn einer Weltinnenpolitik sehen, in deren Verlauf der Krieg verschwinden und allenfalls noch in Form von Polizeimaßnahmen im Weltmaßstab fortbestehen wird. Dann sollte man freilich so konsequent sein, die Wiederkehr der Theorien des gerechten Krieges als eine Zwischenetappe auf diesem Weg zu begreifen. Man kann darin aber auch einen Auflösungsprozess des Systems der kollektiven Sicherheit sehen, das durch die Delegation der Aufgaben an Einzelstaaten beziehungsweise eine Koalition der Fähigen und Willigen zunehmend von Eigeninteressen durchsetzt wird[9], mit der Folge, dass die Fähigen und Willigen zuletzt vor allem ihre besonderen Interessen wahrnehmen und die UNO dafür nur als Rechtfertigung und Deckmantel benutzen. In den Augen vieler Völkerrechtsautoren sind darum das Gewaltverbot in der internationalen Politik und das System der kollektiven Sicherheit längst zu Mystifikationen geworden.[10]

In dieser Situation ist der Nahe Osten zum Zentrum der Völkerrechtsentwicklung wie zum Prüfstein für die Handlungsfähigkeit des UN-Sicherheitsrates geworden.[11] Die oben für die weltpolitische Entwicklung im Allgemeinen aufgestellte These, wonach der Vordere Orient seit zwei bis drei Jahrzehnten die Rolle eingenommen habe, die Europa in der ersten Hälfte des 20. Jahrhunderts innehatte, lässt sich an den für die Völkerrechtsdebatte maßgeblichen Herausforderungen und Beispielen verifizieren: So, wie der Zweite Golfkrieg kurzzeitig die Hoffnung auf einen handlungsfähigen Sicherheitsrat und eine neue Weltordnung geweckt hat, so hat die Abfolge der alliierten Militärinterventionen im Irak nach Ende des Zweiten Golfkrieges tiefe Zweifel an diesen Erwartungen hervorgerufen. Das beginnt mit der durch keine UN-Beschlüsse gedeckten Einrichtung von Flugverbotszonen von Seiten der USA und Großbritanniens. Seitdem wird der irakische Luftraum nördlich des 36. und südlich des 33. Breitengrades von amerikanischen und britischen Kampfflugzeugen überwacht, und jeder potenzielle Abwehrversuch gegen diese Maschinen wird durch Bombardements auf Luftabwehrstellungen sanktioniert. Dabei mag die nördliche Flugverbotzone tatsächlich dem Schutz der kurdischen Minderheit dienen, deren autonome Selbstverwaltung auf diese Weise vor Übergriffen des irakischen Militärs gesichert werden kann. Für die südliche Flugverbotzone, in der sich auch fast alle Zwischenfälle ereigneten, gibt es hingegen keine vergleichbare Begründung. Die Flugverbotzonen sind neben den UN-Wirtschaftssanktionen der deutlichste Ausdruck für den asymmetrischen Frieden, und ihre Einrichtung geht allein auf einen Beschluss der beiden wichtigsten Mächte der Kriegskoalition von Anfang 1991 zurück. Sie beruht auf einer eigenmächtigen Auslegung der Sicherheitsratsresolution 678 vom 27. November 1990, die zu Zwangsmaßnahmen gegen den Irak gemäß Artikel 42 UN-Charta ermächtigte: allerdings unter der Voraussetzung der irakischen Besetzung Kuwaits, und die war seit Ende Februar 1991 nicht mehr gegeben.

Im Juni 1993 griffen amerikanische Kampfflugzeuge dann auch Ziele in Bagdad an; unter ihnen zuvörderst das Hauptquartier des irakischen Geheimdienstes. Die Attacken wurden mit den Plänen zur Ermordung George Bushs sen. im Rahmen seines Kuwaitbesuchs gerechtfertigt, bei denen der irakische Geheimdienst offenbar die Rolle eines Drahtziehers gespielt hatte.[12] Ebenso wie die Bombardements von Luftabwehrstellungen innerhalb der Flugverbotszonen wurden diese Aktionen mit dem Recht auf Selbstverteidigung nach Artikel 51 UN-Charta begründet. Ob eine derart extensive Auslegung des Rechts auf Selbstverteidigung angemessen ist, ist in der einschlägigen völkerrechtlichen Literatur umstritten. Dies umso mehr, als die Angriffe in den darauf folgenden Jahren auf Ziele außerhalb der Flugverbotszonen ausgedehnt wurden, von denen keine unmittelbare Gefahr für Überwachungsmaschinen der Alliierten ausging.[13] Freilich wurden diese Angriffe von den wichtigsten Mächten der Staatengemeinschaft zunächst mitgetragen, zumindest wurden sie nicht öffentlich kritisiert. So entwickelte sich hieraus sehr bald eine Art Gewohnheitsrecht auf militärische

Repressalien, wie es in der UN-Charta nicht vorgesehen ist. Nach den Terroranschlägen auf die US-Botschaften in Daressalam und Nairobi am 7. August 1998, als deren Urheber das Terrornetzwerk al-Qaida ausgemacht wurde[14], griffen die USA Ziele im Sudan und in Afghanistan mit *cruise missiles* an, da sie dort Lager der Terrororganisation vermuteten. Auch diese Militärschläge begründeten die USA mit dem Recht auf Selbstverteidigung nach Artikel 51 UN-Charta.[15]

So ist Artikel 51 zu einer «Ausweichklausel» beim Unterlaufen des UN-Gewaltverbots geworden, was inzwischen dessen «faktischer Unterwanderung» gleichkommt.[16] Eine Reihe führender Völkerrechtskommentatoren hat das Spannungsverhältnis, das zwischen dem allgemeinen Gewaltverbot nach Artikel 2, Ziffer 4 UN-Charta und dem Recht auf Selbstverteidigung nach Artikel 51 UN-Charta zwangsläufig besteht, zugunsten des Gewaltverbots aufzulösen versucht.[17] Die Praxis der Großmächte, insbesondere der USA, hat die Entwicklung jedoch irreversibel in eine andere Richtung bewegt: Das Recht auf Selbstverteidigung ist von den USA mittlerweile, in einigen Fällen aus nachvollziehbaren Gründen, derart häufig in Anspruch genommen und so großzügig ausgelegt worden, dass es für Staaten, die tief greifende Differenzen mit den USA haben, kaum angezeigt sein dürfte, sich zukünftig auf das Gewaltverbot oder gar das Verbot der Gewaltandrohung in der UN-Charta zu verlassen. Faktisch gibt es in der internationalen Ordnung inzwischen eine Drei-Klassen-Gesellschaft:

▷ diejenigen Staaten, für die das Gewaltverbot der UN-Charta unbedingte Gültigkeit hat und denen gegenüber es auch konsequent durchgesetzt wird;

▷ die wenigen anderen Staaten, die davon im einen oder anderen Fall ausgenommen sind oder die dies durch ihren Status als Atommächte durchsetzen können;

▷ schließlich die USA, die die Definitionsmacht darüber besitzen, was als Ausnahme akzeptiert werden kann und was nicht.

Das Völkerrecht steht vor einer Zerreißprobe: Entweder es wahrt seine normative Kohärenz, mit dem Risiko, dass diese permanent durch die praktische Politik desavouiert wird, oder aber es passt sich den machtpolitischen Entwicklungen an, bleibt damit in der Nähe zur politischen Praxis der Staaten, verliert jedoch an normativer Reichweite. Letzteres wiederum würde nicht nur bedeutsame Weiterentwicklungen des Völkerrechts seit dem Ende des Ost-West-Konflikts zunichte machen, sondern das internationale öffentliche Recht nachhaltig seiner Geltungskraft berauben: und zwar sowohl in dogmatischer Hinsicht, insofern ein *opting out* einer imperialen Macht mit der universalistischen Normgeltung unvereinbar ist, als auch in motivationaler Hinsicht. Denn es lässt sich unschwer vorhersagen, dass eine den politisch-militärischen Machtverhältnissen entsprechende, abgestufte Rechtsverbindlichkeit dazu führen würde, dass immer mehr Staaten versuchen würden, sich unter Verweis auf die *lex americana* ihren völkerrechtlichen Verpflichtungen zu entziehen.[18]

Nun ist dieser Gegensatz zwischen Normgeltung und Normverwirklichung in der Geschichte der Völkerrechtsentwicklung nicht unbedingt neu, sondern hat sie von Anfang an bestimmt. Aber es ist wohl kaum bestreitbar, dass er in den weltpolitischen Konstellationen nach dem Ende des Ost-West-Gegensatzes eine besondere Intensität erreicht hat. Das Völkerrecht, das in seiner neuzeitlichen Form in Europa entstanden ist und in der Reichweite seiner Geltung zunächst auch auf Europa beschränkt blieb[19], geht von einer prinzipiellen Gleichheit der Völkerrechtssubjekte aus. Diese juridische Zuschreibung von Gleichheit unter den Bedingungen tatsächlicher Ungleichheit war so lange plausibel, wie sich die tatsächlichen Ungleichheiten in Grenzen hielten, sie durch die Zugehörigkeit zu einem gemeinsamen politisch-kulturellen Rahmen aufgefangen wurden oder ihnen ein gemeinsamer Wille zur Gleichheit entgegenstand. In gewisser Hinsicht galt dies noch für die Zeiten des Ost-West-Gegensatzes, als durch das Gegeneinander zweier Supermächte die Gleichheitsfiktion plausibilisiert wurde. Davon kann seit den 90er Jahren des 20. Jahrhunderts nicht mehr die Rede sein.

Diese für die Völkerrechtsentwicklung beschriebenen Probleme zeigen sich auch und womöglich sogar in zugespitzter Form in der UNO, insbesondere im Sicherheitsrat: Die dort seit jeher bestehende Zwei-Klassen-Gesellschaft der ständigen und der nichtständigen Mitglieder, die Unterscheidung zwischen den Mächten mit und denen ohne Vetorecht, ist inzwischen um eine weitere Dimension ergänzt: den machtpolitischen Abstand zwischen den USA und den restlichen vier mit Vetorecht ausgestatteten Sicherheitsratsmitgliedern. Diese haben zwar nach wie vor die Möglichkeit, durch die Inanspruchnahme des Vetorechts gegenüber den USA eine Politik des Legitimationsentzugs zu betreiben. Das heißt aber noch lange nicht, dass sie die USA auch daran hindern können, ihre Pläne und Absichten – dann eben ohne die Rückendeckung der Vereinten Nationen – militärisch durchzusetzen. Die USA haben zwei überaus wirksame Mittel, die anderen Mitglieder des Sicherheitsrates von der Nutzung ihrer Möglichkeiten abzuhalten: zunächst die Ankündigung, man könne seine Ziele notfalls auch ohne die UNO und gegebenenfalls sogar gegen sie durchsetzen; sodann die Drohung, angesichts der notorischen Ineffizienz der UNO werde man die Mitgliedsbeiträge kürzen oder die Zahlungen zeitweilig einstellen. Beides haben die USA in den letzten zwanzig Jahren wiederholt getan oder zumindest angedroht. Sie können die Organisation auf diese Weise von zwei Seiten her unter Druck setzen: indem sie der Welt vor Augen führen, dass die letztlich ausschlaggebenden Entscheidungen nicht im UN-Gebäude in New York, sondern im Weißen Haus in Washington getroffen werden, oder indem sie die UNO an den Rand des finanziellen Zusammenbruchs bringen. Die Supermacht USA wird sich nach den Erfahrungen, die sie im Vorfeld des jüngsten Golfkrieges mit dem Sicherheitsrat gemacht hat, künftig von der UNO noch weniger legitimatorische Fesseln anlegen lassen. Die Zukunft der UNO wird davon abhängen, ob ihre Mitglieder bereit sind, die Ausnahmestellung der USA zu akzeptieren und sich auf eher symbolische oder mit großen Spielräumen ausgestattete Fesselungen der Weltmacht zu beschränken. Alles andere dürfte auf die Selbstzerstörung der Vereinten Nationen hinauslaufen.

Auf einer Versammlung der Tiere, so gibt der griechische Philosoph Aristoteles eine im Athen seiner Zeit offenbar geläufige Fabel wieder[20], seien die Hasen aufgetreten und hätten gleiche Rechte für alle Tiere gefordert. Da traten ihnen die Löwen entgegen und fragten: «Wo sind eure Zähne und Klauen?» Und da die Hasen nichts dergleichen vorzuweisen hatten, war ihre Forderung erledigt. Gegen die von den Schwächeren vorgebrachte Forderung der allgemeinen Rechtsgleichheit stellen die Starken die Zugangsvoraussetzung der Waffengleichheit. Wo diese nicht einmal tendenziell gegeben ist, so die Moral der Geschichte, sollte auch keine Rechtsgleichheit eingefordert werden, wenn man sich nicht blamieren will. Das heißt nicht, dass die Alternative zur Rechtsgleichheit das Recht des Stärkeren ist. Ausdrücklich ist in der Fabel von einer Versammlung der Tiere die Rede sowie davon, dass Löwen und Hasen ihre Meinungsverschiedenheiten mit Argumenten ausgetragen hätten. Was die Löwen erwarten und was offenbar geeignet ist, sie dazu zu bringen, sich an gewisse Regeln der Tierwelt zu halten, ist die Anerkennung ihrer Sonderstellung durch die Ungleichen. In diese Richtung wird die Entwicklung der Vereinten Nationen wohl verlaufen, wenn es gelingen soll, die USA überhaupt noch einzubinden. Auch im anderen Fall ist die Entwicklung durch die Fabel beschrieben: Dann nämlich werden die Löwen ohne Rücksicht auf irgendwelche rechtlichen Bindungen von ihren Zähnen und Klauen Gebrauch machen. Und dann wird tatsächlich in der internationalen Politik wieder das Recht des Stärkeren gelten.

7 Entfremdung vom neuen Empire

Politische Perspektiven der Europäer im Schatten
der militärischen Hegemonie der USA

Die Vorgeschichte des Dritten Golfkrieges hat tief greifende Un-
terschiede zwischen der kontinentaleuropäischen und der US-
amerikanischen Einschätzung weltpolitischer Konfliktlagen und
deren möglicher Lösung zu Tage gebracht. Zwar konnte man
zeitweilig den Eindruck haben, es seien eigentlich nur Deutschland und Frankreich, die sich dem von den USA eingeschlagenen Weg in einen weiteren Golfkrieg verweigerten. Tatsächlich
aber waren – trotz der Solidaritätsadresse an die USA, die Anfang Februar 2003 in Form einer Zeitungsanzeige zu veröffentli-
chen eine Reihe europäischer Staaten für nötig hielt – sämtliche
Staaten Europas, mit Ausnahme der Briten, durch eine tiefe
Kluft von den USA getrennt. Dass dabei vor allem die deutsche
Haltung zum Irakkrieg in den Mittelpunkt der Aufmerksamkeit
geriet, war eher die Folge eines besonders auffälligen und unge-
schickten Agierens der Bundesregierung, als dass die deutsche
Bevölkerung in ihrer Grundeinstellung gegen den Krieg eine
Ausnahme innerhalb Europas gebildet hätte. Die Ablehnung eines neuerlichen Waffengangs am Golf war in allen europäischen
Ländern in etwa gleich stark, und zwar unabhängig davon, welchen politischen Kurs die jeweilige Regierung offiziell eingeschla-
gen hatte.

Die besondere Position, die Deutschland im Vorfeld des Dritten Golfkrieges eingenommen hat, erwuchs allenfalls daraus,
dass hier während dieses Zeitraums Wahlen stattfanden und der

außenpolitische Kurs der Regierung in höherem Maße für das Wahlverhalten der Bevölkerung ausschlaggebend wurde, als dies sonst der Fall ist. Es kommt hinzu, dass im Schatten der beiden Weltkriege die außenpolitische Handlungsfreiheit deutscher Regierungen deutlich kleiner ist als in den anderen europäischen Ländern. Der britische Premierminister und der französische Präsident können den Einsatz von Truppen im Rahmen von Militäraktionen und kriegerischen Konflikten anordnen, ohne dass die Bevölkerung ihrer Länder mehrheitlich damit einverstanden sein muss; bei einem deutschen Bundeskanzler ist das ausgeschlossen: Er würde einen solchen Schritt politisch nicht überleben. Man kann darüber streiten, ob dies auf Dauer sinnvoll ist oder ob dadurch die außenpolitischen Spielräume einer jeden Bundesregierung zu sehr eingeengt werden – sicher ist auf jeden Fall, dass die grundsätzliche Ablehnung des Krieges durch die Bevölkerung aufgrund der Verfassungsordnung der Bundesrepublik sowie der deutschen politischen Kultur die Handlungsmöglichkeiten der Regierung von allen westlichen Ländern am stärksten einschränkt und bindet.

Die antikriegerische Grundeinstellung postheroischer Gesellschaften kommt dadurch in Deutschland am deutlichsten zum Tragen, und dementsprechend ist sie hier in Wahlkämpfen sehr viel besser auszubeuten als in anderen Ländern, insbesondere den USA, wo die politische Klasse im Bereich der Außen- und Sicherheitspolitik erhebliche Spielräume hat. Man könnte auch sagen, dass der außen- und sicherheitspolitische Kreditrahmen, den die deutsche Verfassung und politische Kultur der Regierung einräumt, erheblich geringer ist als andernorts. Dass die politischen Klassen Großbritanniens und der USA aus zwei Weltkriegen siegreich hervorgegangen sind, ist die Basis des unverkennbar größeren Vertrauensvorschusses, der den Regierungen dort in der Frage von Krieg und Frieden gewährt wird. Ansonsten gilt für alle europäischen Gesellschaften, dass sie den Krieg als Instrument der Politik ablehnen und stattdessen auf den sanften Zwang wirtschaftlichen Austauschs, kulturellen Dialogs und politischer Annäherung vertrauen. Dass sie sich über Arbeit, Konsum und Wohlstand definieren und Vorstellungen von Ehre und Opfer keinen Raum gewähren, mithin den Krieg unter allen Umständen vermeiden wollen, kennzeichnet sie als postheroische Gesellschaften.

Trotz der über die Traumfabrik Hollywood gesteuerten Verbreitung eines gewissen Pop-Heroismus[1] ist auch die amerikanische Gesellschaft im Kern eine postheroische Gesellschaft. Das zeigte sich auf dem Höhepunkt des Vietnamkrieges, als die amerikanische Mittelschicht nicht länger bereit war, die Opfer zu bringen und die Lasten zu tragen, die eine Weiterführung und Ausweitung des Krieges mit sich gebracht hätten. Dabei war die Zahl der Opfer verglichen mit der der europäischen Kriege der ersten Hälfte des 20. Jahrhunderts eher gering. Während des gesamten Vietnamkrieges sind ungefähr 44 000 US-Soldaten gefallen. Das sind nur wenig mehr, als während des Ersten Weltkrieges an der Westfront innerhalb weniger Stunden getötet wurden. So fanden allein am 1. Juli 1916, dem ersten Tag der Somme-Offensive, zwischen 30 000 und 35 000 Soldaten den Tod. Von den 100 000 Briten, die den Angriff vorgetragen hatten, waren 20 000 gefallen, und 40 000 wurden mit zum Teil schweren Verwundungen zurückgebracht, an denen viele in den nächsten Tagen und Wochen starben.[2] Einen Monat nach Beginn der Offensive hatten die Deutschen 160 000, die Briten und Franzosen über 200 000 Soldaten verloren – in etwa so viele, wie die USA in beiden Weltkriegen auf allen Kriegsschauplätzen an Gefallenen zu beklagen hatten.[3]

Wenn die Amerikaner den Krieg als politisches Instrument nicht so entschieden ablehnen wie die Europäer, dann nicht darum, weil sie in einer heroischen Gesellschaft lebten, sondern weil sie niemals, auch nicht im Sezessionskrieg der Südstaaten, mit Kriegsauswirkungen konfrontiert worden sind wie die europäischen Gesellschaften in der ersten Hälfte des 20. Jahrhunderts.

141

Freilich hat die politische Klasse der USA auch dafür Sorge getragen, dass die amerikanische Gesellschaft nie einen Opfergang erleben musste wie Europa zwischen 1914 und 1945: Nach Beendigung des Sezessionskrieges hat auf amerikanischem Boden kein Krieg mehr stattgefunden. Der Eintritt in den Ersten Weltkrieg erfolgte erst sehr spät, und gegen die nach bald vier Jahren Krieg erschöpften Deutschen hatten die amerikanischen Truppen nicht die schweren Verluste zu erleiden wie Franzosen und Briten in den Jahren zuvor. Im Zweiten Weltkrieg schließlich war die Führung der amerikanischen Streitkräfte strikt darauf bedacht, die industrielle und technologische Überlegenheit der USA auch auf dem Gefechtsfeld auszunutzen. Das gelang ihr mit Hilfe der Luftwaffe, die in Europa im Landkrieg und in Ostasien im Seekrieg für die Amerikaner zur kriegsentscheidenden Waffengattung wurde. Als dies zwei Jahrzehnte später im Vietnamkrieg misslang, insofern die vollständige Luftüberlegenheit der USA nicht dazu führte, dass am Boden nur geringe Verluste zu beklagen waren, wuchs in der US-Bevölkerung der Widerstand gegen den Krieg; die USA erlebten zum ersten Mal seit Beginn ihres imperialen Ausgreifens am Ende des 19. Jahrhunderts einen politisch-militärischen Rückschlag. Tatsächlich hat das Vietnam-Trauma die Bereitschaft der USA zu größerem militärischem Engagement für zwei Jahrzehnte gebremst. Die Wende brachte der Zweite Golfkrieg, als es den USA wieder gelang, ihre militärtechnologische Überlegenheit zum Tragen zu bringen und unter geringsten eigenen Verlusten militärische Erfolge zu erringen.[4]

Auf diesen Erfolg hatten die USA lange Zeit hingearbeitet. Der erste entscheidende Schritt, den sie zur Wiederherstellung ihrer Kriegführungsfähigkeit taten, war die Abschaffung der allgemeinen Wehrpflicht und die Umstellung der Streitkräfte auf eine reine Berufsarmee. Dabei spielte sicherlich auch eine Rolle, dass die länger und umfassender ausgebildeten Berufssoldaten die zunehmend komplizierteren Waffensysteme besser bedienen und ausnutzen konnten als Wehrpflichtige und dass sie infolgedessen bei Kampfeinsätzen deutlich geringere Verluste erlitten.

Aber das entscheidende Motiv für diese Veränderung war wohl, dass nunmehr die Söhne der politisch artikulationsfähigen amerikanischen Mittelschicht nicht länger in Kriegseinsätze geschickt wurden, und wenn es ihnen als Berufssoldaten doch widerfuhr, dann nicht aufgrund staatlichen Zwangs, sondern aus mehr oder minder freier Berufswahl und in der Regel bei Waffengattungen wie der Marine oder Luftwaffe, wo sich die Verlustzahlen in engen Grenzen hielten. So gesehen war die Abschaffung der allgemeinen Wehrpflicht der entscheidende Schritt zur Wiederherstellung der amerikanischen Fähigkeit zur Kriegführung, die angesichts der materiellen und technologischen Überlegenheit der USA weniger durch die Stärke des Gegners als vielmehr durch die Kriegsunlust der eigenen Bevölkerung eingeschränkt war. Es kam also darauf an, die politisch artikulationsfähigen Teile der amerikanischen Gesellschaft in der Frage von Krieg und Frieden zu neutralisieren. Die aus den Unterschichten stammenden Angehörigen der Bodentruppen, insbesondere der Marineinfanterie, die erfahrungsgemäß die höchsten Verlustraten bei Kampfeinsätzen haben, stellen aufgrund der notorischen Politikabstinenz der unteren Schichten ein in dieser Hinsicht deutlich geringeres Problem dar – so lange jedenfalls, wie die Zahl der Opfer ein bestimmtes Maß nicht überschreitet. Dafür wiederum sorgt die überlegene US-Militärtechnologie.

Robert Kagan hat die politischen Folgen der verstärkten amerikanischen Investitionen in die Militärtechnologie präzise erfasst, wenn er schreibt: «Der amerikanische Wunsch, Verluste zu vermeiden, und die Bereitschaft der Amerikaner, große Summen für neue Militärtechnologien auszugeben, verschaffte den USA eine gewaltige militärische Schlagkraft, die tödliche Zielgenauigkeit aus großer Entfernung mit geringem Risiko eigener Verluste verband. Das europäische Militär dagegen besaß keine so hochmodernen Technologien und war stärker darauf angewiesen, seine Truppen im Nahkampf einzusetzen. Dieser technologische Rückstand, der im Laufe der neunziger Jahre stark zunahm, als das US-Militär bemerkenswerte Fortschritte bei Präzisionswaffen, gemeinsamen Operationen *(joint-strike operations)* mehrerer Teilstreitkräfte sowie in der Kommunikationstechnik und bei der Aufklärung machte, führte dazu, dass die Amerikaner noch eher bereit waren, militärisch zu intervenieren, als die Europäer, die keine entscheidenden Schläge aus sicherer Entfernung durchführen konnten und daher von vornherein größere Verluste einkalkulieren mussten.»[5]

Großbritannien und Frankreich hatten sich die Ergebnisse dieser Entwicklung einige Zeit nicht eingestehen müssen, weil sie als Vetomächte des UN-Sicherheitsrats über größeren politischen Einfluss sowie mit der Fremdenlegion beziehungsweise den in Nepal rekrutierten Gurkha-Verbänden über Truppen verfügten, bei denen der demokratische Rückkoppelungsmechanismus postheroischer Gesellschaften außer Kraft gesetzt ist. Söldnerverbände sind politisch neutralisiert, denn sie haben keine Stimme, mit der sie sich Gehör verschaffen können.[6]

Europäische Regierungen sind danach militärisch umso handlungsfähiger, je früher ihre Streitkräfte von Wehrpflichtigen auf Berufssoldaten umgestellt worden sind und je höher der Anteil der im Ausland rekrutierten Soldaten in den Kampfverbänden ist. Das ist zumindest eine Erklärung dafür, warum die britischen Premiers beim Zweiten und beim Dritten Golfkrieg innerhalb der Kriegskoalition eine entscheidende Rolle zu spielen vermochten.[7] Es erklärt zugleich, warum die deutsche Bundesregierung der Entsendung von Kampftruppen allenfalls höchst zögerlich zustimmt. Mit einer Wehrpflichtarmee[8], deren Einsatz obendrein unter Parlamentsvorbehalt steht, bleibt ihr gar nichts anderes übrig, und dabei ist es völlig egal, welche der politischen Parteien gerade den Kanzler stellt.

Im Prinzip freilich unterscheidet sich die deutsche Situation nicht von der aller europäischen Gesellschaften: Sie besitzen keine Streitkräfte, die in größerem Umfang und über längere Zeit zu Kampfeinsätzen *out of area* geeignet wären, und das ist zugleich der entscheidende Grund, warum die Europäer den Krieg als ein Mittel der Politik viel entschiedener ablehnen als die US-Amerikaner. Sie haben in den zurückliegenden Jahrzehnten weder politisch noch ökonomisch in ihre Streitkräfte investiert, und als die Epoche des Ost-West-Gegensatzes zu Ende ging, hatten sie ein starkes Interesse daran, die nun mögliche Friedensdividende umgehend einzustreichen. Dementsprechend verringerten sie den Anteil der Rüstungsausgaben am Staatshaushalt, bis dieser schließlich deutlich unter zwei Prozent des Bruttoinlandsprodukts fiel. Folgenreich war das weniger deshalb, weil die Zahl der Truppen zurückging, als vielmehr wegen des Verzichts auf die Ausrüstung der Streitkräfte mit hochmodernen elektronischen Waffensystemen. Obendrein waren die europäischen Politiker mehrheitlich der Überzeugung, dass Konflikte mit wirtschaftlichen Mitteln leichter und erfolgreicher zu befrieden seien als mit Militäreinsätzen.

Die Amerikaner sind in den 90er Jahren trotz einer begrenzten Rückführung der Rüstungsausgaben in der Clinton-Zeit einen anderen Weg gegangen: Sie haben die Möglichkeiten der mikroelektronischen Prozesssteuerung für die Neuausstattung der Streitkräfte in vollem Umfang zu nutzen gesucht und dabei die Innovationen, die seit den 80er Jahren zunächst im Bereich der Luftwaffe sowie seegestützter Marschflugkörper zum Tragen kamen, schrittweise auf alle Waffengattungen, schließlich sogar auf die Infanterie übertragen. So suchten sie auch in diesen Bereichen jene Asymmetrie der Kampfbedingungen herzustellen, von denen bislang vor allem die Luftwaffe profitiert hatte. Ziel der Umrüstung der Streitkräfte, die als *revolution in military affairs* zusammengefasst wird, war eine weitere Ausdehnung asymmetrischer Kampfformen. Am Ende des 20. Jahrhunderts war dieser Prozess so weit abgeschlossen, dass die USA den Krieg wieder als handhabbares Mittel der Politik ansehen konnten, und dementsprechend agierten sie auch. Da die Europäer während der 80er und 90er Jahre einen anderen Weg einschlugen, sind zwei unterschiedliche strategische Kulturen entstanden, aus denen ständig divergente Problemwahrnehmungen und entgegengesetzte Lösungsstrategien erwachsen. Dabei verloren die Europäer zunehmend an Definitions- und Gestaltungsmacht, und die zeitweilig gehegten Vorstellungen von der neuen Supermacht Europa[9] erwiesen sich bald als pure Illusion. Das war freilich nicht das Ergebnis einer selbstläufigen Entwicklung. Es lag daran, dass es den USA immer stärker gelang, die Definitionskompetenz über Probleme und Lösungen an sich zu ziehen, während die Europäer dem nichts Vergleichbares entgegenzusetzen hatten. Robert Kagan hat die amerikanischen Interessen bei dem von den USA beschrittenen Weg offen ausgesprochen: «Auf wirtschaftlichem und politischem Gebiet wirkte die Europäische Union wahre Wunder. Trotz der Hoffnungen und Befürchtungen der Skeptiker auf beiden Seiten des Atlantiks erfüllte Europa die Hoffnung der Einheit. Und das vereinte Europa trat als eine Wirtschaftsmacht ersten Ranges auf, die es mit den Volkswirtschaften der USA und Asiens aufnahm und als gleichberechtigter Partner über Fragen des internationalen Handels und der internationalen Finanzbeziehungen verhandelte. Wenn das Ende des Kalten Krieges eine Epoche eingeleitet hätte, in der wirtschaftliche Macht eine größere Rolle gespielt hätte als militärische Macht, wie es viele in Europa und den Vereinigten Staaten erwartet hatten, dann hätte die Europäische Union tatsächlich genauso viel Einfluss auf die Weltordnung genommen wie die USA. Aber das Ende des Kalten Krieges hat die Bedeutung militärischer Macht nicht verringert, und die Europäer mussten feststellen, dass wirtschaftliche Macht nicht unbedingt gleichbedeutend war mit strategischer und geopolitischer Macht. Die Vereinigten Staaten, die sowohl ein wirtschaftlicher als auch ein militärischer Riese blieben, waren Europa in totaler Macht auf internationaler Bühne weit überlegen.»[10]

Kagans Beschreibung des zurückliegenden Jahrzehnts legt die Vermutung nahe, dass die USA in der Konkurrenz mit dem asiatischen und dem europäischen Wirtschaftsraum ein Interesse an gelegentlichen Kriegen haben dürften, da sie auf diese Weise am leichtesten und folgenreichsten ihre Vormachtstellung festigen und unter Beweis stellen können. Die Hochrüstung der Vereinigten Staaten auch nach Ende des Ost-West-Gegensatzes ist von europäischen Kritikern bevorzugt auf den Einfluss des so genannten militärisch-industriellen Komplexes zurückgeführt worden, der den bequemen Absatzmarkt der Streitkräfte nicht verlieren wollte. Diese Erklärung greift jedoch zu kurz, weil sie die Möglichkeiten der Rüstungsproduzenten, sich auf zivile Produkte umzustellen, zu gering veranschlagt. Überzeugend wird sie erst, wenn ein politisches Interesse daran ausgemacht werden kann, auf die Umstellung zu verzichten. Ein solches Interesse besteht, folgt man Kagans Analyse, im Nutzen von militärischer Hegemonie für alle anderen Bereiche, in denen um die Vorherrschaft gerungen wird. Wirtschaftliche Stärke und zivilisatorische Attraktivität können in politischen Einfluss umgemünzt werden, aber sie sind nicht geeignet, die Bedingungen des Umtauschs auch zu kontrollieren. Dazu ist allein militärische Macht in der Lage. Und womöglich ist diese Funktion der eigentliche politische Mehrwert militärischer Macht nach dem Ende des Ost-West-Konflikts: die Bildung der *terms of trade*, nach denen die unterschiedlichen Formen von Macht und Einfluss getauscht und in *politische* Macht verwandelt werden, zu kontrollieren und die Tauschverhältnisse gegebenenfalls zu verändern.

Vielleicht ist das den entscheidenden Akteuren der US-Politik nicht von Anfang an klar gewesen. Aber gegen Ende der 90er Jahre dürfte sich in den USA die Erkenntnis durchgesetzt haben, dass sich aus ihrem gewaltigen Militärapparat ein permanenter politischer Mehrwert ziehen lässt und dass dieser Mehrwert vor allem darin besteht, verbindlich festzulegen, welche Rolle wirtschaftliche Stärke, kulturelle Attraktivität und ähnliche Faktoren auf der internationalen Bühne spielen dürfen und nach welchem Schlüssel sie in politische Macht getauscht werden können. Seitdem die Amerikaner das begriffen haben, nehmen sie immer weniger Rücksicht auf die Interessen und Befindlichkeiten der Europäer. Sie bezeichnen sie als «Putzfrauen», die dort aufräumen und Ordnung schaffen dürfen, wo die USA zugeschlagen haben, oder weisen ihnen die Rolle zu, «das Geschirr abzuwaschen», nachdem die Amerikaner «das Essen zubereitet» haben.[11] Aus der wechselseitigen Annahme der tendenziellen Gleichberechtigung zwischen den USA und Europa zur Zeit des Ost-West-Konflikts – wie sie insbesondere von den Europäern gepflegt worden ist, während die Amerikaner nie ausdrücklich widersprochen haben – ist binnen weniger Jahre ein Verhältnis der Ungleichheit und Abhängigkeit geworden. Und die USA unternehmen keinerlei Anstrengungen mehr, dies vor den Europäern durch kleine Gesten und symbolische Handlungen zu kaschieren.

Damit das Macht- und Einflussverhältnis zu Europa auf Dauer bestehen kann, sind die USA freilich darauf angewiesen, dass es immer wieder zu kriegerischen Konflikten kommt, zumindest aber zu Auseinandersetzungen, bei denen die Androhung militärischer Gewalt eine zentrale Rolle spielt. Das heißt nicht unbedingt, dass die politische Klasse der USA solche Konflikte provoziert oder gar gezielt herbeiführt. Sie scheut im Gegensatz zu den Europäern indessen nicht vor ihnen zurück, und genau dadurch bestätigt und vertieft sie jenes Machtgefälle. Da den Europäern aus den oben beschriebenen Gründen die militärische Option nicht ernstlich zur Verfügung steht, sind sie darauf angewiesen, nichtmilitärischen Lösungen den Vorzug zu geben. Dabei geraten sie, wenn sie mit einem entschlossenen politischen Willen, wie etwa dem Saddam Husseins, konfrontiert werden, ins Hintertreffen. Wer seinen politischen Gestaltungswillen nur mit wirtschaftlichen, nicht aber zugleich mit militärischen Sanktionen zur Geltung bringen kann[12], hat zwangsläufig Nachteile gegenüber dem, der auch über die militärische Option verfügt.

Das zeigte sich im Irakkonflikt deutlich: Die von einigen europäischen Staaten bis zuletzt bevorzugte Alternative zum amerikanischen Weg der militärischen Entwaffnung des Irak und eines gewaltsamen Regime- und Politikwechsels in Bagdad, nämlich die Fortführung, Ausweitung und Intensivierung der UN-Waffenkontrollen, stellte überhaupt nur deshalb eine politische Option dar, weil der amerikanische Militäraufmarsch am Golf weit fortgeschritten war. Der Krieg war so nahe an Saddam Hussein herangerückt, dass er in einer Weise konzessionsbereit war, wie er es sonst niemals gewesen wäre. Mit anderen Worten: Die von den Europäern präferierte Alternative zur amerikanischen Politik war nur deshalb überhaupt eine Alternative, weil die Amerikaner den von ihnen eingeschlagenen Weg der Lösung des Irakproblems bereits bis fast ans Ende gegangen waren. Deutlicher hätte die politisch-strategische Schwäche der Europäer nicht zum Ausdruck kommen können.

Dementsprechend herablassend wurden die Europäer, die sich für diese Alternative stark gemacht hatten, behandelt: als nörglerische Besserwisser, die die Nervenstärke der Supermacht testen wollten, oder als undankbare Gefolgschaftsverweigerer, die den Schutz des amerikanischen Militärschildes kostenlos in Anspruch nahmen und nicht einmal einen Beitrag zu seiner Aufrechterhaltung leisten wollten. Tatsächlich hatte Deutschland, das sich als Anführer einer europäischen Alternative zum amerikanischen Weg zu profilieren versucht hatte, in dieser Situation besonders wenig zu bieten. Während die Franzosen als Vetomacht im UN-Sicherheitsrat für die USA wenigstens noch einen – wenn auch lästigen – Gesprächspartner darstellten, konnte die Bundesregierung ihr einzig wertvolles Blatt im machtpolitischen Poker, die Einschränkung der amerikanischen Überflugrechte und der Nutzung ihrer Basen in Deutschland, aus langfristigen politischen Erwägungen nicht ins Spiel bringen. Mit ihrer demonstrativen Verweigerung gegenüber den amerikanischen Kriegsplänen hatte die Berliner Regierung viel gewagt, wohl nicht ahnend, worauf sie sich hier einließ. Es mangelte ihr in diesem Spiel jedoch an den Ressourcen, um überhaupt ernstlich daran teilzunehmen, und so war es kaum verwunderlich, dass sie am Schluss als der eigentliche Verlierer dastand.

Dabei hatte die Bundesregierung – wenn man ihr Vorgehen in der Irakfrage nicht als bloßen Reflex innenpolitischer Erwägungen begreifen, sondern darin eine längerfristig angelegte machtstrategische Rationalität ausmachen will – die zumindest kurzfristig richtige Schlussfolgerung aus dem strategischen Machtgefälle zwischen den USA und Europa gezogen: Da jede Form der kriegerischen Zuspitzung am Golf und jede militärische Lösung den Einfluss der Europäer auf den Gang der Dinge einschränken würde, war es nahe liegend, nichtmilitärische Lösungen anzustreben. Hier würde aller Voraussicht nach der europäische Einfluss größer sein als bei Militäroperationen. Die Gegenposition dazu bezog Großbritannien: Tony Blair versuchte Einfluss auf die amerikanische Definitionskompetenz des Problems und die Entscheidung über die möglichen Lösungsstrategien zu gewinnen, indem er sich der US-Sicht zunächst einmal bedingungslos anschloss, den Aufbau einer militärischen Drohkulisse am Golf tatkräftig unterstützte[13] und schließlich den Weg in den Krieg entschlossen mitging – alles in der Erwartung, auf diese Weise den Gang der Ereignisse beeinflussen zu können, und sicherlich auch in der Hoffnung, so das politische Gewicht der Briten innerhalb der Europäischen Union zu vergrößern. Wie tief greifend und folgenreich die damit eingetretenen Zerwürfnisse in Europa sind, wird sich noch zeigen. Dass die Uneinigkeit der Europäer in der Irakfrage die europäische Position gegenüber den USA weiter schwächt, ist unschwer zu beobachten. Auf jeden Fall hat Washington die Erfahrung gemacht, dass die Europäer in politischen Fragen relativ leicht gegeneinander auszuspielen sind und eigene Interessen höher stellen als eine gemeinsame europäische Haltung. Das Agieren der Europäer im Vorfeld des Dritten Golfkrieges hat die amerikanische Neigung zum Unilateralismus in jedem Fall verstärkt. Die USA können und werden es als ein Selbstdementi der europäischen Forderung nach multilateraler Einbindung der amerikanischen Politik auffassen.

Freilich haben der Dritte Golfkrieg und seine Vorgeschichte nur bestätigt, was den Amerikanern bereits während der jugoslawischen Zerfallskriege und dann im Verlauf der Kosovo-Intervention deutlich geworden ist: Die Europäische Union ist außenpolitisch uneinig und militärisch handlungsunfähig. Daran hat auch die eilige Installierung eines Hohen Repräsentanten der Gemeinsamen Außen- und Sicherheitspolitik, des vormaligen NATO-Generalsekretärs Javier Solana, nichts ändern können. Im Gegenteil: Solanas glückloses Agieren bei dem Versuch, einen unabhängigen europäischen Einfluss auf den Nahostkonflikt zu gewinnen, und die Tatsache, dass er im Vorfeld des Dritten Golfkrieges immer mehr ins politische Abseits geriet, während die jeweiligen nationalen Regierungen in zunehmendem Maße einen eigenständigen Kurs verfolgt haben, haben die europäische Schwäche erst in ihrem ganzen Ausmaß sichtbar werden lassen.

Schon im Verlauf der 90er Jahre haben die USA damit begonnen, die NATO aus einem Militärbündnis, in dessen komplizierte Abstimmungsprozeduren sie selber eingebunden sind, in ein politisches Bündnis zu verwandeln, das sie beherrschen und nach Belieben nutzen können. Leicht gemacht wurde den Amerikanern diese Umgestaltung der NATO durch deren Osterweiterung: Der Beitritt neuer Mitglieder hat das europäische Interessenspektrum des Bündnisses ausgeweitet und vielschichtiger gemacht, wodurch der Einfluss des bei weitem stärksten Mitglieds deutlich angewachsen ist. Die vielen Bindungen und Fesseln, die den USA durch ihre NATO-Mitgliedschaft angelegt worden waren und die sie in der Zeit des Ost-West-Gegensatzes notgedrungen auf sich genommen hatten, wurden so aufgelöst. Der militärische Riese bekam eine politische Bewegungsfreiheit, die er während der Konfrontation mit der Sowjetunion nicht besessen hatte.

Hatten sich die Amerikaner während der Kosovo-Intervention hinsichtlich der Auswahl von Zielen wie der Art der Operationsführung noch den Regeln des Bündnisses unterworfen, so wurde die NATO im Falle des *War against Terror*, obwohl sie nach den Anschlägen vom 11. September erstmals in ihrer Geschichte den Bündnisfall erklärt hatte, von den USA nur noch selektiv in Anspruch genommen. Sie nutzten die NATO, ohne sich ihren Prozeduren zu unterwerfen. Auf diese Weise vermieden sie, dass die kleinen und mittleren Bündnispartner jenen Einfluss erlangten, der ihnen nach den NATO-Statuten zugestanden hätte.

Nach den positiven Erfahrungen, die die USA während des Zweiten Golfkrieges mit der UN-mandatierten *coalition of the willing* gemacht hatten, wurde deren Prinzip nun auf das westliche Militärbündnis ausgedehnt, denn dabei konnte die hegemoniale Position der USA sehr viel besser zur Geltung gebracht werden, als dies in den herkömmlichen Bündnisstrukturen möglich war. Die USA hatten sich damit von den politischen Zwängen befreit, die ihnen die friedensorientierte, gewaltabgeneigte strategische Kultur der Europäer auferlegt hatte. Die Folgen dessen zeigten sich dann im Vorfeld des Dritten Golfkrieges. Dass dieser Prozess, der normalerweise wohl ein ganzes Jahrzehnt, wenn nicht länger in Anspruch genommen hätte, mit einer solchen Geschwindigkeit abgelaufen ist, ist ein Ergebnis der dramatisch zugespitzten Sicherheitslage nach den Anschlägen vom 11. September. Dabei stellte sich heraus, dass die Amerikaner mit dieser Beschleunigung umzugehen vermochten. Die Europäer dagegen nicht.

Aber sind die Ressourcen der amerikanischen Supermacht groß und umfassend genug, um den seit dem Ende der 90er Jahre eingeschlagenen Weg einer unilateralen Politik, die die Selbstbindungen der NATO wie der UNO abgestreift hat, über längere Zeit beschreiten zu können? Immerhin besteht die eigentliche Bedrohung einer jeden imperialen Macht in der Überdehnung ihrer Kräfte[14], und dagegen sind auch die Vereinigten Staaten nicht gefeit. Doch unter den Bedingungen globaler Ökonomien, einer permanenten Überwachung der Ereignisse am Boden durch Aufklärungssatelliten sowie einer weltweit operationsfähigen Luftwaffe bedeutet *imperial overstretch* etwas fundamental anderes als zu Zeiten des Römischen Reichs und auch noch des Britischen Empire. In ihrem Fall war es gleichbedeutend mit einer räumlichen Ausweitung der Grenzen, die schließlich zu einer Überdehnung der Versorgungslinien und zur Überforderung der Kräfte führte. Das amerikanische Imperium ist seit dem Ende des Ost-West-Konflikts prinzipiell grenzenlos. Tendenziell jede Region kann zu seiner Interessensphäre und seinem Einflussgebiet werden, und die Grenzziehungen, die es sich auferlegt, sind eher virtueller als geographischer Art. Insofern besteht die Gefahr eines *imperial overstretch* weniger in einer zu weit gespannten territorialen Ausdehnung als vielmehr in der langfristigen Bindung militärischer Kräfte in einer Region und parallel dazu der Absorption der politischen Aufmerksamkeit durch ein bestimmtes Problem. Das birgt die Gefahr einer wachsenden Inflexibilität; dies ist die moderne Variante dessen, was in den alten Imperien die Bindung der Kräfte an der Peripherie des Reichs gewesen ist.

Die schnelle Lösung des Irakproblems mit militärischen Mitteln dürfte also aus dem Selbsterhaltungsgebot imperialer Macht unter modernen Verhältnissen erwachsen. Darum ist anzunehmen, dass dem Dritten Golfkrieg, wenn er denn nur annähernd die von den Amerikanern erwarteten Ergebnisse zeitigt, weitere Kriege ähnlichen Typs folgen. Das wird die Kluft zu den Europäern vertiefen, die Entfremdung gegenüber den USA wird wachsen. Schon in nicht allzu ferner Zeit könnte die im Augenblick noch beschworene «Wertegemeinschaft des Westens» einer geschichtlich vergangenen Epoche angehören.

Eine solche Entwicklung wird nur dann vermieden werden können, wenn die USA schon bald auf dem gegenwärtig beschrittenen Weg, bevorzugt auf die harten Faktoren der Macht wie Flugzeugträger, Tarnkappenbomber und *cruise missiles* zu setzen, scheitern und sich wieder stärker auf die weichen Machtfaktoren, wie wirtschaftliche Zusammenarbeit, zivilisatorische Attraktivität, politische Vorbildhaftigkeit, besinnen. Dann werden sie sich dem alten Kontinent zwangsläufig wieder annähern, dessen politikstrategische Kultur wesentlich durch diese Faktoren geprägt ist, und vielleicht weniger herablassend mit den militärisch auf absehbare Zeit nur beschränkt handlungsfähigen Europäern umgehen, was einer Verbesserung des Klimas zwischen Europa und den USA zugute käme. Aber auch in diesem Punkt entscheiden nicht die Europäer, sondern die Amerikaner über die zukünftige Entwicklung.

Anmerkungen

Machtpolitisches Vorspiel – Zur Einleitung

1 Zur Geschichte des Irak im 20. Jahrhundert vgl. Christine Moss Helms, *Iraq. Eastern Flank of the Arab World*, Washington, D. C. 1984; Marion Farouk-Sluglett/Peter Sluglett, *Iraq Since 1958*. *From Revolution to Dictatorship*, London und New York 1987; Samir al-Khalil, *Republic of Fear. The Politics of Modern Iraq*, Berkeley und Los Angeles 1990 (2. erw. Aufl.). Als knappe Einführung Peter Heine, *Schauplatz Irak. Hintergründe eines Weltkonflikts*, Freiburg/Br. u. a. 2002.

2 Zu diesen Marktmechanismen kann auch eine zeitweilige Kartellbildung gehören, wie sie zu Beginn der 70er Jahre von den in der OPEC zusammengeschlossenen Erdöl produzierenden Ländern erfolgreich betrieben wurde. Es gelang ihnen auf diese Weise, den Ölpreis zu vervielfachen und über eine Dekade auf hohem Niveau zu stabilisieren. Zweifellos sind Kartellbildungen darauf angelegt, die Wirkung von Märkten einzuschränken oder außer Kraft zu setzen, doch kann man im Falle der OPEC von einem Abwehrkartell sprechen, mit dem die marktbeherrschende Stellung der so genannten Ölmultis konterkariert wurde.

3 Im Rahmen des britischen Rückzugs wurden Bahrain, Katar und die Vereinigten Arabischen Emirate unabhängig bzw. entstanden als selbständige Staaten.

4 Vgl. Kinan Jaeger, «Der Nahe und Mittlere Osten»; in: *Sicherheitspolitik in neuen Dimensionen. Kompendium zum erweiterten Sicherheitsbegriff*, hrsg. von der Bundesakademie für Sicherheitspolitik, Hamburg 2001, S. 291–320, hier S. 301.

5 Der Preis, den Reza Pahlewi für diese Politik zu entrichten hatte, war freilich hoch: Die Aufrüstung der Armee entzog ihm die im Prinzip vorhandenen Mittel, die erforderlich gewesen wären, um seine forcierte Modernisierungspolitik sozial abzufedern. Wachsende soziale und politische Unzufriedenheit war die Folge; sie bildete den Nährboden für die iranische Revolution und den Sturz des Schahregimes.

6 Der Irak hat nur eine 15 Kilometer breite Küste, die im Konfliktfall leicht zu kontrollieren ist. Er muss drei Viertel seiner Ölexporte durch andere Staaten leiten und ist somit von deren politischem Wohlwollen abhängig. Sowohl der Erste als auch der Zweite Golfkrieg zielten darauf ab, diese strategische Einschnürung zu zerreißen; vgl. Mir A. Ferdowsi, «Der iranisch-irakische Krieg»; in: Udo Steinbach (Hrsg.), *Der Golfkrieg. Ursachen, Verlauf, Auswirkungen*, Hamburg 1988, S. 85–91.

7 Zu den Grundzügen der amerikanischen Vorderer-Orient-Politik vgl. Peter Pawelka, «Der Vordere Orient unter der Hegemonie der USA. Eine politische Ökonomie der US-amerikanischen Außenpolitik»; in: Peter Pawelka/Hans-Georg Wehling (Hrsg.), *Der Vordere Orient an der Schwelle zum 21. Jahrhundert. Politik – Wirtschaft – Gesellschaft*, Opladen und Wiesbaden 1999, S. 13–33.

8 Vgl. Zuhair al-Jaza'iri, «Ba'thist Ideology and Practice»; in: Fran Hazelton (Hrsg.), *Iraq since the Golf War. Prospects for Democracy*, London und New Jersey 1994, S. 30–51; Kamil Abdullah, «Saddam as Hero»; in: ebd., S. 52 bis 59. Das personalisierende Erklärungsmuster findet sich vor allem in den Biographien Saddam Husseins; vgl. exemplarisch Con Coughlin, *Saddam Hussein. Porträt eines Diktators. Eine Biographie*, München 2002.

9 Eine etwas andere Periodisierung findet sich bei Volker Perthes (*Geheime Gärten. Die neue arabische Welt*, Berlin 2002, S. 27–87), der die Phase der ägyptischen Dominanz bereits Ende der 60er/Anfang der 70er Jahre auslaufen sieht und die 70er Jahre als saudische Epoche bezeichnet. Perthes stützt sich dabei auf den im Gefolge der steigenden Ölpreise wachsenden Reichtum der Saudis. Diese freilich haben sowohl am Golf als auch im arabischen Raum darauf verzichtet, ökonomische Macht direkt in politische Macht zu konvertieren. Ihren Einflussnahmen lag kein dezidierter politischer Wille zugrunde.

10 Als Beispiele solcher Herangehensweisen seien exemplarisch genannt: Ramsey Clark, *Wüstensturm. US-Kriegsverbrechen am Golf*, Göttingen 1993, insbes. S. 29–71, sowie Jürgen Wagner, *Das ewige Imperium. Die US-Außenpolitik als Krisenfaktor*, Hamburg 2002.

11 Trotz aller islamischer Draperie, deren sich das Regime Saddam Husseins seit dem Zweiten Golfkrieg bedient hat, war es in seinem Kern doch säkular und stand fundamentalistischen Vorstellungen feindlich gegenüber.

12 Zur Unterscheidung zwischen symmetrischen und asymmetrischen Kriegen vgl. Herfried Münkler, *Die neuen Kriege*, Reinbek 2002, S. 48 ff. Ebenso in diesem Buch Kap. 5.

13 Als knappe Zusammenfassung vgl. Clark, *Wüstensturm* (wie Anm. 10), S. 72–96.

14 Qiao Liang/Wang Xiangsui, *Unrestricted Warfare*, Peking 1999, insbes. Kap. 1.

15 Vgl. Münkler, *Die neuen Kriege* (wie Anm. 12), S. 175 ff., sowie ders., «Asymmetrische Gewalt. Terrorismus als politisch-militärische Strategie»; in: ders., *Über den Krieg. Stationen der Kriegsgeschichte im Spiegel ihrer theoretischen Reflexion*, Weilerswist 2002, S. 252 ff.

1 Der angekündigte Krieg

1 Da sich die Aufmerksamkeit der westlichen Öffentlichkeit vorzugsweise auf Kriege und militärische Auseinandersetzungen konzentriert, an denen die USA (oder andere westliche Mächte) beteiligt sind, wird zumeist übersehen, dass die meisten Kriege der letzten Jahrzehnte keine klassischen zwischenstaatlichen Kriege mehr gewesen sind. Es sind Kriege parastaatlicher oder substaatlicher Akteure wie Warlords, Clanchefs und Milizenführer, die anderen Bedingungen unterliegen und nach anderen Regeln geführt werden als zwischenstaatliche Kriege; vgl. dazu Mary Kaldor, *Neue und alte Kriege. Organisierte Gewalt im Zeitalter der Globalisierung*, Frankfurt/M. 2000, sowie Herfried Münkler, *Die neuen Kriege*, Reinbek 2002.

2 Carl von Clausewitz, *Vom Kriege*, 19. Auflage, hrsg. von Werner Hahlweg, Bonn 1980, S. 191 f.

3 Zu nennen ist hier vor allem Martin van Creveld, *Die Zukunft des Krieges*, München 1998, S. 62–101.

4 Clausewitz, *Vom Kriege* (wie Anm. 2), S. 644.

5 Arbeitsgemeinschaft Kriegsursachenforschung (AKUF), *Das Kriegsgeschehen 1999. Daten und Tendenzen der Kriege und bewaffneten Konflikte*, hrsg. von Thomas Rabehl, Opladen 2000, S. 170 ff.

6 Arbeitsgemeinschaft Kriegsursachenforschung (AKUF), *Das Kriegsgeschehen 2000*, hrsg. von Thomas Rabehl und Wolfgang Schreiber, Opladen 2001, S. 176 ff.; dies., *Das Kriegsgeschehen 2001*, hrsg. von Wolfgang Schreiber, Opladen 2002, S. 115 ff.

7 Vgl. Thomas Mayer, *Politik als Theater. Die neue Macht der Darstellungskunst*, Berlin 1998, sowie Herfried Münkler, «Die Theatralisierung der Politik»; in: *Ästhetik der Inszenierung*, hrsg. von Josef Früchtl und Jörg Zimmermann, Frankfurt/M. 2001, S. 144–163.

2 Eine neue Ordnung im Nahen Osten

1 Der Diskussions- und Entscheidungsprozess innerhalb der US-Administration ist ebenso klar wie anschaulich dargestellt bei Bob Woodward, *Bush at War*, New York u. a. 2002; das Modell einer «hidden agenda» der militärischen Neuordnung des Mittleren Ostens findet sich bei Andrea Szukala und Thomas Jäger, «Die innenpolitische Steuerung der amerikanischen Irak-Politik»; in: *Blätter für deutsche und internationale Politik*, Januar 2003, S. 37–48.

2 «Achse des Bösen». Rede des US-Präsidenten George W. Bush zur Lage der Nation vom 29. Januar 2002» [Auszüge]; in: *Blätter für deutsche und internationale Politik*, März 2002, S. 367–370, hier S. 368.

3 Dazu ausführlich Münkler, *Die neuen Kriege*, Reinbek 2002, S. 68 ff.

4 Vgl. hierzu die breit angelegte Darstellung der Herausbildung des Selbstmordattentäters als neuen Typus des Kämpfers im asymmetrischen Krieg bei Christoph Reuter, *Mein Leben ist eine Waffe. Selbstmordattentate – Psychogramm eines Phänomens*, München 2002.

5 Im Prinzip sind Präemption und präventive Kriegshandlungen voneinander zu unterscheiden: «Präemptiv ist eine Handlung, wenn man einen Gegner angreift, weil man annimmt, dass ein Angriff unmittelbar bevorsteht. Dagegen bezeichnet Prävention eine die Absichten des Gegners gewissermaßen antizipierende militärische Operation, die eine Angriffsvorbereitung schon im Keim erstickt.» Harald Müller, «Defensive Präemption» und Raketenabwehr. Unilateralismus als Weltordnungspolitik»; in: Bernd W. Kubbik (Hrsg.), *Brandherd Irak. US-Hegemonieanspruch, die UNO und die Rolle Europas*, Frankfurt/M. 2003, S. 103–113; hier S. 108. In der Praxis dürfte diese Unterscheidung jedoch verschwimmen.

6 «Die neue Nationale Sicherheitsstrategie der Vereinigten Staaten vom 20. September 2002» [Einleitung]; in: *Blätter für deutsche und internationale Politik*, November 2002, S. 1391–1393, hier S. 1392; der Haupttext des Dokuments ist in Auszügen veröffentlicht unter dem Titel «Die Nationale Sicherheitsstrategie der Vereinigten Staaten von Amerika (NSS 2002)»; in: *Blätter für deutsche und internationale Politik*, Dezember 2002, S. 1505–1511.

7 Verbunden mit allerlei Spekulationen, vgl. dazu Con Coughlin, *Saddam Hussein. Porträt eines Diktators*, München 2002, S. 23 ff.

8 «Achse des Bösen». Rede des US-Präsidenten Bush» (wie Anm. 2), S. 368.

9 So geht etwa der frühere UN-Waffenexperte Scott Ritter davon aus, dass im Falle eines amerikanischen Einsatzes von Nuklearwaffen gegen den Irak Pakistan oder der Iran Terroristen den Bau von Atomwaffen ermöglichen und diese innerhalb eines Zeitraumes von zehn Jahren in den USA zur

Detonation gebracht würden; vgl. William Rivers Pitt und Scott Ritter, *Krieg gegen den Irak. Was die Bush-Regierung verschweigt*, Köln 2002, S. 88.

10 Vgl. hierzu mit detaillierten Angaben Kenneth R. Timmermann, *The Death Lobby. How the West Armed Iraq*, Boston u.a. 1991, insbes. S. 275 ff. Gleichwohl bleibt festzuhalten, dass nach Wiederaufnahme der Waffenlieferungen im Jahre 1983 die Sowjetunion der größte Waffenlieferant des Irak war, mit deutlichem Abstand gefolgt von Frankreich; vgl. Mir A. Ferdowsi, «Ursprünge und Verlauf des iranisch-irakischen Krieges»; in: Udo Steinbach (Hrsg.), *Der Golfkrieg. Ursachen, Verlauf, Auswirkungen*, Hamburg 1988, S. 39–43.

11 Vgl. Dennis A. Pluchinsky, «Middle Eastern Terrorist Activity in Western Europe in the 1980s: A Decade of Violence»; in: Yonah Alexander/Dennis A. Pluchinsky (Hrsg.), *European Terrorism. Today and Tomorrow*, McLean/ Virginia 1992, S. 1–41; Rolf Tophoven, «Terrorismus aus Nahost»; in: *Jahrbuch Extremismus und Demokratie*, Bd. 2, 1990, S. 59–76.

12 Coughlin, *Saddam Hussein* (wie Anm. 7), S. 211 ff.

13 Die Differenzen zwischen der älteren und der jüngeren Form des internationalen Terrorismus sind bereits vor den Anschlägen vom 11. September herausgearbeitet und bekannt gemacht worden; vgl. etwa Steve Simon/Daniel Benjamin, «America and the New Terrorism»; in: *Survival. The IISS Quarterly*, Bd. 42, 2000, S. 59–75.

14 Einen guten Einblick in die Fülle von Verflechtungen zwischen dem internationalen Terrorismus und den Geheimdiensten der arabischen Staaten bietet das Buch von Oliver Schröm, *Im Schatten des Schakals. Carlos und die Wegbereiter des internationalen Terrorismus*, Berlin 2002.

15 Vgl. Bruce Hoffman, *Terrorismus – der unerklärte Krieg. Neue Gefahren politischer Gewalt*, Frankfurt/M. 1999, S. 209 ff.

16 US-Präsident Ronald Reagan antwortete auf den Lockerbie-Anschlag mit schweren Luftangriffen auf Tripolis und Bengasi, nachdem feststand, dass der libysche Geheimdienst in die Vorbereitung des Anschlags verwickelt war.

17 Gilles Kepel, *Zwischen Kairo und Kabul. Eine Orient-Reise in Zeiten des Dschihad*, München und Zürich 2002, S. 101.

18 Etwa Jürgen Wagner, *Das ewige Imperium. Die US-Außenpolitik als Krisenfaktor*, Hamburg 2002, insbes. S. 92 ff.

19 In welchem Maße dies noch während des Ersten Golfkrieges die amerikanische Wahrnehmung der Region geprägt hat, zeigt sehr genau Laurie Mylroie, «The Superpowers and the Iran-Iraq War»; in: *American-Arab Affairs*, Sommer 1987, No. 21, S. 1526.

20 Während die USA im Augenblick aus der Golfregion nur zehn Prozent

ihrer Rohölimporte beziehen, sind Japan mit 85 Prozent und Europa mit 65 Prozent sehr viel stärker auf den freien Zugang zu den Erdölmärkten am Golf angewiesen; vgl. Kinan Jaeger, «Der Nahe und Mittlere Osten»; in: *Sicherheitspolitik in neuen Dimensionen. Kompendium zum erweiterten Sicherheitsbegriff*, hrsg. von der Bundesakademie für Sicherheitspolitik, Hamburg 2001, S. 291–320, hier S. 296.

21 Vgl. Peter Pawelka, «Der Vordere Orient unter der Hegemonie der USA. Eine politische Ökonomie der US-Außenpolitik»; in: Peter Pawelka/Hans-Georg Wehling (Hrsg.), *Der Vordere Orient an der Schwelle zum 21. Jahrhundert. Politik – Wirtschaft – Gesellschaft*, Opladen und Wiesbaden 1999, S. 13–33.

22 Es gibt freilich auch eine Reihe von Kommentatoren, die ein Interesse der USA an der mittelfristigen Reduzierung ihrer Militärpräsenz am Golf bezweifeln und darauf hinweisen, dass die USA bereits Ende der 80er Jahre ihre Bedrohungsszenarien für den Vorderen Orient umgestellt haben: An die Stelle der Sowjetunion, von der zu dieser Zeit keine Expansionsdynamik mehr ausging, trat der Irak, und der gegen die Sowjetunion gerichtete Kriegsplan 1002 wurde zu dem am Irak als potenziellen Feind ausgerichteten Plan 1002-90 fortgeschrieben; vgl. Pitt und Ritter, *Krieg gegen den Irak* (wie Anm. 9), S. 32 f.

23 Vgl. Hans Günter Brauch/Oliver Thränert/Harald Müller, «Das Militärpotential des Irak»; in: Gert Krell/Bernd W. Kubbig (Hrsg.), *Krieg und Frieden am Golf. Ursachen und Perspektiven*, Frankfurt/M. 1991, S. 66–75.

24 Dazu ausführlich Kapitel 5, sowie Christoph Moosbauer, «Möglichkeiten einer kohärenten Politik gegenüber dem Irak»; in: Volker Perthes (Hrsg.), *Deutsche Nahostpolitik. Interessen und Optionen*, Schwalbach/Ts. 2001, S. 110–120.

25 Hierzu detailliert Daniel Byman, «After the Storm: US-Policy Toward Iraq Since 1991»; in: *Political Science Quarterly*, Bd. 115, 2000, S. 493–516.

26 Vgl. Volker Perthes, *Geheime Gärten. Die neue arabische Welt*, Berlin 2002, S. 275 ff.

27 Vgl. Martin Beck, «Die ‹Erdölrevolution› und der Petrolismus. Die Rolle des Erdöls für die Politik im Vorderen Orient»; in: Pawelka/Wehling, *Der Vordere Orient an der Schwelle zum 21. Jahrhundert* (wie Anm. 21), S. 35–55, sowie Henner Fürtig, «Das ‹Wirtschaftszentrum› des Vorderen Orients. Die Golfstaaten zwischen Stagnation und Modernisierung»; in: ebd., S. 81–100.

28 Vgl. Helen Chapin Metz (Hrsg.), *Iraq: A Country Study*. Research Completed May 1988, United States Government as represented by the Secretary of the Army, Washington, D. C. 1990.

29 Dazu Marion Farouk-Sluglett/Peter Sluglett, *Iraq Since 1958: From Revo-*

lution to Dictatorship, London und New York 1987, S. 200 ff., sowie Samir al-Khalil, *Republic of Fear. The Politics of Modern Iraq*, Berkeley/Los Angeles 1989, S. 246 ff.

30 Dazu Efraim Karsh/Inari Rautsi, «Warum Saddam Hussein in Kuwait einmarschierte»; in: Gert Krell/Bernd W. Kubbig (Hrsg.), *Krieg und Frieden am Golf. Ursachen und Perspektiven*, Frankfurt/M. 1991, S. 57–65.

31 Der Tendenz nach hat solche Vorstellungen etwa der außenpolitische Regierungsberater Richard Haass in einem Papier für das «Council of Foreign Relations» entwickelt; als Zusammenfassung vgl. Richard N. Haass, «The Goal becomes Muslim Democracy»; in: *International Herald Tribune*, 11. Dez. 2002; ähnlich auch Kevin Whitelaw, «After the Fall. An inside look at the Bush team's plan to run Iraq once Saddam is gone»; in: *U.S. News & World Report*, 2. Dezember 2002, S. 19–26; ähnlich auch Ronald D. Asmus und Kenneth M. Pollack, «Transformation des mittleren Ostens. Das neue transatlantische Projekt»; in: *Blätter für deutsche und internationale Politik*, Dezember 2002, S. 1457–1466.

32 Dazu ausführlich Perthes, *Geheime Gärten* (wie Anm. 26), S. 282 ff.

3 Der Fluch des Öls

1 Zusammenfassend hierzu Kinan Jaeger, «Der Nahe und Mittlere Osten»; in: *Sicherheitspolitik in neuen Dimensionen. Kompendium zum erweiterten Sicherheitsbegriff*, hrsg. von der Bundesakademie für Sicherheitspolitik, Hamburg 2001, S. 291–320, hier S. 291–295.

2 Paradigmatisch hierfür waren die unterschiedlichen Stellungnahmen der beiden «Zeit»-Herausgeber Josef Joffe und Michael Naumann um den Jahreswechsel 2002/03: Während Joffe für eine entschlossene, gegebenenfalls auch mit militärischen Mitteln von außen erzwungene Abrüstung des Irak plädierte («Despoten-Dämmerung. Saddam hat noch fünf Wochen Zeit, den Krieg zu stoppen»; in: *Die Zeit*, 57. Jg., Nr. 1, 23. 12. 02, S. 1), sprach sich Naumann entschieden gegen den Krieg aus («Der falsche Krieg. Warum Berlin beim Nein zum Irak-Feldzug bleiben sollte»; in: *Die Zeit*, 57. Jg., Nr. 2, 02. 01. 03, S. 1).

3 Vgl. Kapitel 2.

4 Zur Kritik der diesem *social and political engeneering* zugrunde liegenden Machbarkeits- und Beherrschbarkeitsvorstellungen vgl. Hanns W. Maull, «Die ‹Zivilmacht Europa› bleibt Projekt. Zur Debatte um Kagan, Asmus/Pollack und das Strategiedokument NSS 2002»; in: *Blätter für deutsche und internationale Politik*, Dezember 2002, S. 1467–1478.

5 Vgl. hierzu Herfried Münkler, «Gegensätzliche Kriegsursachenanalysen. Aristophanes, Thukydides, Platon und die Vernunft der Regierenden»; in: ders., *Über den Krieg. Stationen der Kriegsgeschichte im Spiegel ihrer theoretischen Reflexion*, Weilerswist 2002, S. 19–33.

6 Hierbei soll nicht verschwiegen werden, dass diese Unterscheidung politisch nicht unproblematisch ist, insofern aus ihr eine fatalistische Einwilligung in eine den Krieg als unvermeidlich akzeptierende und seinen Beginn darum beschleunigende Politik erwachsen kann. Das betrifft nicht nur die Vorgeschichte des Ersten Weltkrieges, in dessen retrospektiver Aufarbeitung die Unterscheidung von Anlass und Ursache eine prominente Rolle gespielt hat, sondern womöglich auch den Ausbruch des von Thukydides beschriebenen Peloponnesischen Krieges selbst; zu einer solchen Sicht vgl. Franz Kiechle, «Ursprung und Wirkung der machtpolitischen Theorien bei Thukydides»; in: *Gymnasium*, Bd. 70, 1963, S. 279–312, insbes. S. 294 und 299 ff.

7 Thukydides, *Der Peloponnesische Krieg*, übersetzt und hrsg. von Carl Vretska und Werner Rinner, Stuttgart 2000, S. 25 (I, 23).

8 Ebd., S. 107 (I, 140).

9 Hierzu und zum Folgenden vgl. Peter Pawelka, «Der Staat im Vorderen Orient: Über die Demokratieresistenz in einer globalisierten Welt»; in: *Leviathan*, 30. Jg., 2002, Heft 4, S. 431–454, sowie Martin Beck, «Die ‹Erdölrevolution› und der Petrolismus. Die Rolle des Erdöls für eine Politik im Vorderen Orient»; in: Peter Pawelka/Hans-Georg Wehling (Hrsg.), *Der Vordere Orient an der Schwelle zum 21. Jahrhundert. Politik – Wirtschaft – Gesellschaft*, Opladen/Wiesbaden 1999, S. 35–55, und Martin Beck/Oliver Schlumberger, «Der Vordere Orient – ein entwicklungspolitischer Sonderfall? Rentenökonomie, Markt und wirtschaftliche Liberalisierung»; in: ebd., S. 57–79.

10 Diese und die folgenden Angaben nach der *Neuen Zürcher Zeitung* vom 30.07.02, S. 25; dazu auch Volker Perthes, *Geheime Gärten. Die neue arabische Welt*, Berlin 2002, S. 287–314.

11 Vgl. Henner Fürtig, «Das ‹Wirtschaftszentrum› des Vorderen Orients. Die Golfstaaten zwischen Stagnation und Modernisierung»; in: Pawelka/Wehling (Hrsg.), *Der Vordere Orient* (wie Anm. 9), S. 81–100, hier S. 98.

12 Allein in Saudi-Arabien gingen die Öleinnahmen von 101,2 Mrd. US-Dollar 1981 auf 37,1 Mrd. US-Dollar1983 zurück; vgl. Fürtig «Das ‹Wirtschaftszentrum› des Vorderen Orients» (wie Anm. 11), S. 90.

13 Dazu Ferhad Ibrahim, «Der schwierige Weg zur Demokratie im Vorderen Orient. Der Staat und der Aufbau einer Zivilgesellschaft»; in: Pawelka/

Wehling (Hrsg.), *Der Vordere Orient* (wie Anm. 9), S. 101–119, sowie Pawelka, «Der Staat im Vorderen Orient» (wie Anm. 9), S. 445 ff.

14 Zur Darstellung dieser Entwicklung und ihrer Wahrnehmung im Vorderen Orient vgl. Bernard Lewis, *Der Untergang des Morgenlandes. Warum die
islamische Welt ihre Vormacht verlor*, Bergisch Gladbach 2002; zu den soziokulturellen Blockaden der ökonomischen Entwicklung des Vorderen Orients vgl. David Landes, *Wohlstand und Armut der Nationen. Warum die einen
reich und die anderen arm sind*, Berlin 1999, S. 494 ff., wo der arabisch-
islamische Raum in seiner Gänze als Verlierer der Modernisierung aufge-
führt wird. Institutionen, kulturelle Gepflogenheiten und vor allem ge-
schlechtsspezifische Vorurteile werden von Landes für diese Entwicklung
verantwortlich gemacht. In dem vom Entwicklungsprogramm der Vereinten Nationen erstatteten Bericht über die arabische Welt werden drei Ent-
wicklungsdefizite herausgestellt: die fehlende politische Freiheit mitsamt
dem Mangel an Rechtssicherheit, die Unterdrückung der Frauen sowie
die Defizite an Wissen und Fähigkeiten in der gesamten Bevölkerung; vgl.
The Arab Human Development Report 2002. Creating Opportunities for
Future Generations, New York 2002, S. 27 ff.

15 Zur Differenz zwischen Modernisierung und Verwestlichung in islamischer Sicht vgl. Lewis, *Der Untergang des Morgenlandes* (wie Anm. 14), S.
106 ff. Lewis bezweifelt, dass eine Modernisierung ohne Verwestlichung
möglich sei; weniger skeptisch in dieser Frage Volker Perthes, «Bürgerkrieg
oder Integration? Islamismus und Staat im arabischen Raum»; in: Pawel-
ka/Wehling (Hrsg.), *Der Vordere Orient* (wie Anm. 9), S. 143–155.

16 So insbesondere Gilles Kepel, *Das Schwarzbuch des Dschihad. Aufstieg und
Niedergang des Islamismus*, München 2002; implizit auch Perthes, «Bürgerkrieg oder Integration?» (wie Anm. 15), S. 152 f.

17 Vgl. Perthes, *Geheime Gärten* (wie Anm. 10), S. 266.

18 Der im Irak an die Macht gelangte Zweig der Baath-Partei hatte – im
Unterschied zu dem in Syrien herrschenden Baath-Zweig – die sozialisti-
schen Elemente in der ursprünglichen Ideologie nur insoweit beibehal-
ten, wie sie mit dem nationalistischen Projekt einer Konsolidierung des
Staates und des Aufstiegs zur Hegemonialmacht am Golf zu vereinbaren
waren.

19 Dazu Con Coughlin, *Saddam Hussein. Porträt eines Diktators*, München
2002, S. 245 ff.; Christine Moss Helms, *Iraq. Eastern Flank of the Arab
World*, Washington, D. C. 1984, S. 59 ff.; Marion Farouk-Sluglett und Peter Sluglett, *Iraq Since 1958. From Revolution to Dictatorship*, London und
New York 1987, S. 215 ff.

4 Keiner darf gewinnen

1 Drei Monographien zum so genannten Ersten Golfkrieg sind besonders herauszuheben: Henner Fürtig, *Der irakisch-iranische Krieg 1980–1988*. *Ursachen – Verlauf – Folgen*, Berlin 1992; Shahram Chubin und Charles Tripp, *Iran and Iraq at War*, London 1989; Efraim Karsh, *The Iran-Iraq War 1980–1988*, London 2002.

2 Hierzu drei Monographien: Dilip Hiro, *Desert Shild to Desert Storm*, London 1992; Lawrence Freedman und Efraim Karsh, *The Gulf Conflict 1990–91*, London 1993; Ramsey Clark, *Wüstensturm*. *US-Kriegsverbrechen am Golf*, Göttingen 1993.

3 Vgl. Marc Ferro, *Der Große Krieg 1914–1918*, Frankfurt/M. 1988, S. 189 ff.; John Keegan, *Der Erste Weltkrieg. Eine europäische Tragödie*, Reinbek 2000, S. 487 ff.; Roger Chickering, *Das Deutsche Reich und der Erste Weltkrieg*, München 2002, S. 109 ff.

4 Fürtig, *Der irakisch-iranische Krieg* (wie Anm. 1), S. 94.

5 So Ferro, *Der Große Krieg* (wie Anm. 3), S. 409 ff.; ebenso Gabriel Kolko, *Das Jahrhundert der Kriege*, Frankfurt/M. 1999, S. 107 ff.

6 Vor einigen Jahren hat der britische Historiker Niall Ferguson diese Beobachtungen zu der These zusammengefasst, der Kriegseintritt auf Seiten Frankreichs habe objektiv nicht im britischen Interesse gelegen; Ferguson, *Der falsche Krieg. Der Erste Weltkrieg und das 20. Jahrhundert*, Stuttgart 1999, insbes. S. 380 ff.

7 Neben den USA wäre mit Blick auf Fernost auch Japan zu nennen.

8 Fürtig, *Der irakisch-iranische Krieg* (wie Anm. 1), S. 97.

9 In welch hohem Maße der Erste Golfkrieg noch in den Kategorien der Ost-West-Konfrontation betrachtet wurde bzw. der Ost-West-Gegensatz das Agieren der USA im Ersten Golfkrieg bestimmte, zeigt der Aufsatz von Laurie Mylroie, «The Superpowers and the Iran-Iraq War»; in: *American-Arab Affairs*, Sommer 1987, No. 21, S. 15–26.

10 Zur US-Politik im Ersten Golfkrieg vgl. Béatrice Gorawantschy, *Der Golfkrieg zwischen Iran und Irak. Eine konflikttheoretische Analyse*, Frankfurt/M. 1993, S. 251 ff.

11 Ebd., S. 208 ff., sowie Peter Hünseler, «Der Irak und sein Konflikt mit Iran», in: Peter Steinbach (Hrsg.), *Der Golfkrieg. Ursachen, Verlauf, Auswirkungen*, Hamburg 1988, S. 71–84, hier S. 71 ff.

12 Vgl. Efraim Karsh und Ralph King, «Der iranisch-irakische Krieg am Scheideweg»; in: Steinbach (Hrsg.), *Der Golfkrieg* (wie Anm. 11), S. 145 bis 152.

13 Angeblich soll der iranische Parlamentspräsident Rafsandschani einmal

geäußert haben: «Wenn wir Irak kassieren, werden unsere beiden Länder ein einziges Land sein, und zwar der größte Ölproduzent der Welt. Zusammen wären wir dann fast 60 Millionen Moslems und hätten eine ungeheure Macht über die Weltwirtschaft. Saudi-Arabien samt seinen amerikanischen Verbündeten würde gelähmt sein, und die Golfstaaten fielen uns wie reife Trauben in den Schoß.» Zit. nach Fürtig, *Der irakisch-iranische Krieg* (wie Anm. 1), S. 53.

14 Präsident Reagans Sonderbeauftragter für den Nahen Osten war damals der heutige US-Verteidigungsminister Donald Rumsfeld, der im Dezember 1983 mit Saddam Hussein längere Unterredungen führte, in deren Folge die USA Druck auf ihre Verbündeten ausübten, die Waffenlieferungen an den Iran einzustellen; vgl. Con Coughlin, *Saddam Hussein. Porträt eines Diktators*, München 2002, S. 328 ff.

15 Vgl. Hünseler, «Der Irak und sein Konflikt mit dem Iran» (wie Anm. 11), S. 73. Im Gegenzug gaben die Iraker von den Iranern erbeutete amerikanische Panzer an das mit ihnen eng verbündete Jordanien weiter, das so seinen Druck auf das mit dem Iran verbündete Syrien erhöhen konnte.

16 Während des Krieges stieg Frankreich zum zweitwichtigsten Waffenlieferanten des Irak auf. Die französischen Rüstungslieferungen umfassten unter anderem Mirage- und Super-Etendard-Kampfflugzeuge, Exocet-Lenkraketen sowie verschiedene Typen von Kampfhubschraubern; vgl. Mir A. Ferdowsi, «Ursprünge und Verlauf des iranisch-irakischen Krieges»; in: Steinbach (Hrsg.), *Der Golfkrieg* (wie Anm. 11), S. 39–43, hier S. 41.

17 Fürtig, *Der irakisch-iranische Krieg* (wie Anm. 1), S. 67 f.

18 Vgl. Peter Lösche, «George Bush»; in: Jürgen Heideking (Hrsg.), *Die amerikanischen Präsidenten*, München 1995, S. 408–411.

19 Dass die Militäraktionen am Golf nicht unter dem Kommando der UNO standen, sondern an die USA «delegiert» werden mussten, war ein Problem, das von vielen übersehen wurde; vgl. Mir A. Ferdowsi/Peter J. Opitz, «Motor oder Feigenblatt: Die Rolle der Vereinten Nationen»; in: Gert Krell/Bernd W. Kubbig (Hrsg.), *Krieg und Frieden am Golf. Ursachen und Perspektiven*, Frankfurt/M. 1991, S. 120–128.

20 Wie sehr sich hierin auch und gerade die professionellen Experten verschätzten und die Bedeutung der neu gewonnenen militärischen Handlungsfähigkeit der USA unterbewerteten, zeigt sich in der Studie von Klaus-Dieter Schwarz, *Weltmacht USA. Zum Verhältnis von Macht und Strategie nach dem Kalten Krieg*, Baden-Baden 1999, insbes. S. 46 ff.

21 Vgl. dazu die vorzügliche Analyse bei Christopher Daase, *Kleine Kriege – Große Wirkung. Wie unkonventionelle Kriegführung die internationale Politik verändert*, Baden-Baden 1999, S. 107–151.

22 Im Zentrum dieser Debatten stand Paul Kennedys Buch *The Rise and Fall of the Great Powers*, New York 1987 (dt. *Aufstieg und Fall der großen Mächte. Ökonomischer Wandel und militärischer Konflikt von 1500 bis 2000*, Frankfurt/M. 1989). Der wenige Jahre später eingetretene Zusammenbruch der Sowjetunion hat diese Debatte dann noch einmal aufleben lassen, diesmal allerdings weniger in den USA und dort schon gar nicht mit sorgenvoller Zukunftsperspektive; vgl. Richard Lorenz (Hrsg.), *Das Verdämmern der Macht. Vom Untergang der großen Reiche*, Frankfurt/M. 2000.

23 Zur Vorgeschichte des Ersten Golfkrieges vgl. Mir A. Ferdowsi, «Der iranisch-irakische Krieg»; in: Steinbach (Hrsg.), *Der Golfkrieg* (wie Anm. 11), S. 85–91, hier S. 85 f., sowie Fürtig, *Der irakisch-iranische Krieg* (wie Anm. 1), S. 55 ff.

24 Dazu Gorawantschy, *Der Golfkrieg zwischen Iran und Irak* (wie Anm. 10), S. 138 f.

25 Mit seinem Krieg gegen den Iran, so lautete der Vorwurf Syriens, dem damals wichtigsten Konkurrenten um die arabische Hegemonie, an die Adresse Saddam Husseins, habe er die arabische Front gegen Israel geschwächt; vgl. Hünseler, «Der Irak und sein Konflikt mit Iran» (wie Anm. 11), S. 75 ff.

26 Hierzu und zum Folgenden Johannes Reissner, «Sieben Jahre Krieg am Golf – Ursachen und Verlauf»; in: Steinbach (Hrsg.), *Golfkrieg* (wie Anm. 11), S. 45–60, hier S. 47 ff.

27 Zu den irakischen Kriegsplänen und zum Kriegsverlauf 1980 vgl. Fürtig, *Der irakisch-iranische Krieg* (wie Anm. 1), S. 60 ff.; Chubin und Tripp, *Iran and Iraq at War* (wie Anm. 1), S. 53 ff.; Gorawantschy, *Der Golfkrieg* (wie Anm. 10), S. 138 ff., sowie Christine Moss Helms, *Iraq. Eastern Flank of the Arab World*, Washington 1984, S. 163 ff.

28 Mit einer Fülle von Beispielen für die negativen Folgen von Saddams Einmischung in die Kriegführung sowie seinem Misstrauen gegenüber erfolgreichen Generälen vgl. Coughlin, *Saddam Hussein* (wie Anm. 14), S. 281 ff.

29 Zu dieser Phase des Krieges vgl. Fürtig, *Der irakisch-iranische Krieg* (wie Anm. 1), S. 75 ff., Chubin und Tripp, *Iran and Iraq at War* (wie Anm. 1), S. 57–61, sowie Gorawantschy, *Der Golfkrieg* (wie Anm. 10), S. 143 ff.

30 Dazu eingehend Karsh und King, «Der irakisch-iranische Krieg am Scheideweg» (wie Anm. 12), S. 146 ff.

31 Diese Angriffe von Kindern und Jugendlichen sind eine der Vorformen dessen, was danach als Selbstmordattentate bekannt geworden ist: Häufig lagen die Überlebenschancen der Angreifer deutlich unter zehn Prozent, und der Schlüssel, den sie vor Angriffsbeginn um den Hals gehängt

bekamen, symbolisierte den direkten Zugang zum Paradies, den sie durch den Märtyrertod zu erreichen glaubten; dazu Christoph Reuter, *Mein Leben ist eine Waffe. Selbstmordattentate – Psychogramm eines Phänomens*, München 2002, S. 58 f.

32 So war den Irakis nicht nur die Rückeroberung der Insel Fao gelungen, sondern auch die der Majnoon-Inseln, und vor allem hatten sie es geschafft, die eingeschlossene Stadt Basra wieder freizukämpfen; zu dieser Phase des Krieges vgl. Gorawantschy, *Der Golfkrieg* (wie Anm. 10), S. 152 ff., sowie Fürtig, *Der irakisch-iranische Krieg* (wie Anm. 1), S. 96.

33 Die starken Schwankungen, denen der Ölpreis während der 80er Jahre ausgesetzt war, zeigten die Verwundbarkeit aller Volkswirtschaften, die in hohem Maße von Ölrenten abhängig waren. Im Falle des Irak hieß dies etwa: Von 26,1 Milliarden US-Dollar im Jahre 1980 waren die Öleinnahmen auf 9,7 Milliarden US-Dollar im Jahre 1982 gefallen. 1984/85 hatte sich die Lage wieder etwas verbessert, und die Öleinnahmen waren auf 12,5 Milliarden US-Dollar gestiegen. 1986 waren sie dann wieder auf acht Milliarden gefallen, um sich 1987 erneut zu stabilisieren; vgl. Gorawantschy, *Der Golfkrieg* (wie Anm. 10), S. 194 ff.

34 Vgl. Efraim Karsh/Inari Rautsi, «Warum Saddam Hussein in Kuwait einmarschierte»; in: Krell/Kubbig (Hrsg.), *Krieg und Frieden am Golf* (wie Anm. 19), S. 57.

35 Vgl. hierzu Hans Günter Brauch/Oliver Thränert/Harald Müller, «Das Militärpotential des Irak»; in: Krell/Kubbig (Hrsg.), *Krieg und Frieden am Golf* (wie Anm. 19), S. 66–75.

5 Der fürchterliche Frieden

1 Ausgestattet mit einem Mandat der UNO, diente die Koalitionsbildung weniger der militärischen Stärkung als vielmehr der politischen Absicherung der Intervention: Vor allem sollte der Eindruck vermieden werden, es handele sich um ein Eingreifen der USA oder «des Westens», weswegen die Einbindung nichtwestlicher Truppen in den Gesamtverband von großer Bedeutung war. Militärisch hätten die USA den Krieg genauso allein führen können.

2 Vgl. Ramsey Clark, *Wüstensturm. US-Kriegsverbrechen am Golf*, Göttingen 1993, S. 72.

3 Die beste Darstellung der Faktoren und Folgen dieser militärischen Revolution im Europa der Frühen Neuzeit findet sich bei Geoffrey Parker, *Die militärische Revolution. Die Kriegskunst und der Aufstieg des Westens*

1500–1800, Frankfurt/New York 1990; eine kritische Auseinandersetzung mit dem von dem Militärhistoriker Michael Roberts Ende der 60er Jahre geprägten Begriff der militärischen Revolution bietet der von Clifford J. Rogers herausgegebene Sammelband *The Military Revolution Debate. Readings on the Military Transformation of Early Modern Europe*, Boulder u. a. 1995.

4 Eine zusammenfassende kritische Betrachtung der möglichen Folgen dieser Entwicklung findet sich bei Martin Hoch, «Zum Verhältnis von Krieg und Politik im 21. Jahrhundert: Grauzonen, Verwerfungen, Paradoxa»; in: Jörg Calließ (Hrsg.), *Vom Gebrauch des «traurigen Notmittels» Krieg. Welche militärischen Operationen können welche politische Zwecke fördern?*, Rehburg-Loccum 2001, S. 205–217.

5 Clark, *Wüstensturm* (wie Anm. 2), S. 74.

6 Ebd., S. 86.

7 Dazu ausführlich Herfried Münkler, «Moralphilosophie auf dem Kriegspfad»; in: *Blätter für deutsche und internationale Politik*, 11/02, S. 1335–1344.

8 Vgl. Herfried Münkler, *Über den Krieg. Stationen der Kriegsgeschichte im Spiegel ihrer theoretischen Reflexion*, Weilerswist 2002, S. 173 ff.

9 So etwa Franz Uhle-Wettler, *Der Krieg. Gestern, heute – morgen?*, Hamburg u. a. 2001, S. 178.

10 Dazu oben, Kapitel 3.

11 Das seit dem Ende der bipolaren Weltordnung entstandene Verhältnis zwischen den USA und Russland ist von Stephan Bierling für die Zeit vor dem 11. 9. 2001 auf die Formel «Weder Partner noch Gegner» gebracht worden; vgl. Bierling, «Weder Partner noch Gegner. Die Russlandpolitik der USA»; in: Peter Rudolf/Jürgen Wilzewski (Hrsg.), *Weltmacht ohne Gegner. Amerikanische Außenpolitik zu Beginn des 21. Jahrhunderts*, Baden-Baden 2000, S. 125–147. Im Gefolge der Terrorangriffe auf New York und Washington ist es dann zu einer deutlichen Annäherung der einstigen Konkurrenten gekommen.

12 Als Beispiel hierfür sind die Arbeiten Ernst-Otto Czempiels, des Doyens der deutschen Friedens- und Konfliktforschung, zu nennen, der in den 90er Jahren davon ausging, die internationale Ordnung habe sich von der Staatenpolitik zur Gesellschaftspolitik hin verändert. Danach waren nicht mehr nur Staaten, sondern auch gesellschaftliche Akteure wichtige Mitspieler im Feld der internationalen Politik. Das war bei Czempiel jedoch nicht eine kluge Antizipation der Rolle, die Osama bin Laden dann tatsächlich gespielt hat, sondern eine Prognose für das Verschwinden militärischer Instrumente aus der Politik, über die seiner Auffassung nach nur Staaten verfügten. Das erwies sich als ein doppelter Irrtum: zunächst

durch das Auftreten bewaffneter Nichtregierungsorganisationen, zum Beispiel al-Qaida, sodann aber auch wegen des zunehmenden Rückgriffs der Staaten auf militärische Mittel; vgl. hierzu Ernst-Otto Czempiel, *Kluge Macht. Außenpolitik für das 21. Jahrhundert*, München 1997, sowie ders., *Weltpolitik im Umbruch. Die Pax Americana, der Terrorismus und die Zukunft der internationalen Beziehungen*, München 2002. Eine noch heiklere Frage, die sich Czempiel im Ernste gar nicht stellt, ist die, ob die von ihm begrüßte Entstaatlichung der internationalen Politik überhaupt wünschenswert ist; hierzu Herfried Münkler, *Die neuen Kriege*, Reinbek 2002, S. 131 ff.

13 Die gegenteilige Position vertritt Ramsey Clark (*Wüstensturm*, wie Anm. 2, S. 39), wenn er schreibt: «Es war nicht der Irak, sondern starke Kräfte in den USA, die einen neuen Krieg im Nahen Osten wollten.» Danach werden die üblichen Verdächtigen aufgezählt: das Pentagon, der militärisch-industrielle Komplex, die Ölgesellschaften und schließlich die Kalten Krieger in der Bush-Regierung, die den Zerfall der Sowjetunion nutzen wollten, um neue geostrategische Positionen zu besetzen. Saddam Hussein wird dabei als ein Politiker dargestellt, dem es nach dem Krieg gegen den Iran allein um den Wiederaufbau des Irak gegangen sei und der an einem neuen Krieg nicht das geringste Interesse gehabt habe.

14 Zit. nach Micah Sifry und Christopher Cerf (Hrsg.), *The Gulf War Reader*, New York 1991, S. 130.

15 Dazu Bernd W. Kubbig, «Des Widerspenstigen Zähmung: Die Strategie der USA am Golf»; in: Gert Krell/Bernd W. Kubbig (Hrsg.), *Krieg und Frieden am Golf. Ursachen und Perspektiven*, Frankfurt/M. 1991, S. 86–97, hier S. 88 f.

16 Vgl. Peter Bergen, *Heiliger Krieg Inc. Osama bin Ladens Terrornetzwerk*, Berlin 2001, S. 100 f.

17 Zu Komplexität von Motivation und Strategie der terroristischen Aktionen vom 11. September vgl. Herfried Münkler, «Terrorismus als Kommunikationsstrategie. Die Botschaft des 11. September»; in: *Internationale Politik*, 56. Jg., 2001, Heft 12, S. 11–18.

18 Dazu Said K. Aburish, *Saddam Hussein. The Politics of Revenge*, London 2000, S. 161 ff.; sowie Con Coughlin, *Saddam Hussein. Porträt eines Diktators*, München 2002, S. 379 ff.

19 So taucht in allen Berichten der Hamburger Arbeitsgemeinschaft Kriegsursachenforschung (AKUF) seit 1999 der Irak wieder als Kriegsgebiet auf; vgl. Arbeitsgemeinschaft Kriegsursachenforschung, *Das Kriegsgeschehen 1999. Daten und Tendenzen der Kriege und bewaffneten Konflikte*, hrsg. von Thomas Rabehl, Opladen 2000, S. 170 ff.

20 Zit. nach Bergen, *Heiliger Krieg Inc.* (wie Anm. 16), S. 120 f.

21 Vgl. hierzu oben, Kapitel 2.

22 Zit. nach Bergen, *Heiliger Krieg Inc.* (wie Anm. 16), S. 121.

23 Vgl. Volker Perthes, *Geheime Gärten. Die neue arabische Welt*, Berlin 2002, S. 269 ff.; ebenso William R. Pitt mit Scott Ritter, *Krieg gegen den Irak. Was die Bush-Regierung verschweigt*, Köln 2002, S. 40 ff.

24 Das politische Scheitern der auf Wirtschaftssanktionen gegründeten Irakpolitik wurde in den USA während der zweiten Hälfte der 90er Jahre thematisiert, und man begann über alternative Strategien nachzudenken: So wurden eine Politik der umfassenden Eindämmung bzw. eine der begrenzten Eindämmung des Irak erörtert, daneben die Chancen einer Unterminierung des Regimes mit dem Ziel des Sturzes von Saddam Hussein, weiterhin eine Politik der Abschreckung nach klassischem Vorbild und schließlich auch die Möglichkeit einer Invasion. Vgl. hierzu den am Washington Institute for Near East Policy entstandenen Band *Iraq Strategy Review, Options for U.S. Policy*, hrsg. von Patrick L. Clawson, Washington 1998.

25 Vgl. Amatzia Baram, *Building Toward Crisis. Saddam Husayn's Strategy for Survival*, Washington 1998, der freilich zu dem Ergebnis gelangt, Saddams Machtposition sei aufgrund der zunehmenden Beschränkung auf die Vertrauten aus dem Tikriti-Clan deutlich schwächer als früher (S. 147). Baram setzte demgemäß auf einen Regimewechsel von innen. Dagegen hat Volker Perthes, *Geheime Gärten* (wie Anm. 23), S. 271 ff., gezeigt, wie gerade die Politik der Sanktionen Saddam Hussein gestärkt und seine Position wieder gefestigt hat.

26 Dazu Alain Gresh, «Der Irak wird zahlen!»; in: *Le Monde diplomatique*, 13. Okt. 2000, S. 1, 6 und 7.

27 Die US-Bombardements im Januar 1991 hatten die Infrastruktur des Landes zerstört, neben Telefonzentralen, Elektrizitätswerken auch die Knotenpunkte der Wasserversorgung. Die zu ihrer Wiederherstellung erforderlichen Maschinenteile konnten jedoch infolge des Embargos nicht importiert werden.

6 Eine internationale Drei-Klassen-Gesellschaft

1 «Die Nationale Sicherheitsstrategie der Vereinigten Staaten von Amerika» (NSS 2002); in: *Blätter für deutsche und internationale Politik*, Dezember 2002, S. 1505–1511, hier S. 1509.

2 Dazu Herfried Münkler, *Die neuen Kriege*, Reinbek 2002, S. 175 ff.

3 In seiner Analyse des Krieges hat Clausewitz drei eskalierende Faktoren identifiziert, denen er sogleich jedoch drei moderierende Faktoren gegenüberstellte; Carl von Clausewitz, *Vom Kriege*, hrsg. von Werner Hahlweg, 19. Aufl., Bonn 1980, S. 192 ff.

4 Den Diskussionsstand zum Gewaltverbot fasst für die ältere Literatur zusammen Michael Bothe, «Das Gewaltverbot im allgemeinen»; in: Wilfried Schaumann (Hrsg.), *Völkerrechtliches Gewaltverbot und Friedenssicherung*, Baden-Baden 1971, S. 1–31; die jüngere Literatur ist aufgearbeitet ebenfalls bei Michael Bothe, «Friedenssicherung und Kriegsrecht»; in: Wolfgang Graf Vitzthum (Hrsg.), *Völkerrecht*, Berlin und New York 1997, S. 581–664.

5 Vgl. Wilhelm Grewe, *Epochen der Völkerrechtsgeschichte*, Baden-Baden 1984, S. 495 ff.

6 Dazu Gustav Gustenau (Hrsg.), *Humanitäre militärische Intervention zwischen Legalität und Legitimität*, Baden-Baden 2000, sowie Christian Hillgruber, «Humanitäre Intervention, Großmachtpolitik und Völkerrecht»; in: *Der Staat*, Bd. 40, 2001, S. 165–191; zusammenfassend Bothe, «Friedenssicherung und Kriegsrecht» (wie Anm. 4), S. 594–599.

7 Zu den damit zusammenhängenden Fragen, die am Beispiel der Befreiung Kuwaits behandelt werden, vgl. Nico Krisch, *Selbstverteidigung und kollektive Sicherheit*, Berlin 2001; Christopher Greenwood, «New World Order or Old? The Invasion of Kuwait and the Rule of Law»; in: *Modern Law Review*, Bd. 52, 1992, S. 153–178, sowie Derek W. Bowett, «Collective Security and Collective Self-Defense: the Errors and Risks of Identification»; in: Manuel Rama-Montaldo (Hrsg.), *International Law in an Evolving World. Liber amicorum in tribute of Professor Eduardo Jimenez de Arechaga*, 1994, Bd. 1, S. 425–440.

8 Dazu John Quigley, «The ‹Privatization› of Security Council Enforcement Action: A Threat to Multilateralism; in: *Michigan Journal of International Law*, Bd. 17, 1995/96, S. 249–283, sowie Nigel White und Ozlem Ülgen, «The Security Council and the Decentralized Military Option: Constitutionality and Function»; in: *Netherlands International Law Review*, Bd. 44, 1977, S. 378–413.

9 Vgl. Niels Blokker, «Is the Authorization authorized? Powers and Practice of the UN Security Council to Authorize the Use of Force by ‹Coalition of the Able and Willing›»; in: *European Journal of International Law*, Bd. 11, 2000, S. 541–568.

10 Auf der Basis einer Analyse von 19 Resolutionen des Sicherheitsrats in der Zeit von 1990 bis 1994 ist Helmut Freudenschuß zu dem Ergebnis

gekommen, dass die Resolutionstexte ebenso wie die vorangegangenen Debatten in sich völlig inkonsistent sind, eher der politischen Kompromissbildung als einer völkerrechtlich anschlussfähigen Positionierung dienen und darum keine Grundlage eines autorisierten Systems kollektiver Sicherheit bilden können. Was vorherrschte, ist nach seinem Urteil nicht das ernsthafte Bemühen um eine neue Weltordnung, sondern «authorizations as placebos» und «authorizations as political cover». Helmut Freudenschuß, «Between Unilateralism and Collective Security. Authorizations of the Use of Force by the U.N. Security Council»; in: *European Journal of International Law*, Bd. 5, 1994, S. 492–531, hier S. 529 f. Anders Pierre-Marie Dupuy und Christian Tomuschat: «Warten auf den Schlag gegen Bagdad. Das Gewaltverbot der UN-Charta – ein lästiges Relikt?»; in: Frankfurter Allgemeine Zeitung, 31. Juli 2002, S. 10.

11 Vgl. Bardo Fassbender, *UN Security Council Reform and the Right of Veto: A Constitutional Perspective*, The Hague/London/Boston 1998; ders., «Uncertain Steps into a Post-Cold War World: The Role and Function of the UN Security Council after a Decade of Measures against Iraq»; in: *European Journal of International Law*, Bd. 13, 2002, S. 273–303.

12 Dazu Michael Byers, «The Shifting Foundations of International Law. A Decade of Forceful Measures Against Iraq»; in: *European Journal of International Law*, Bd. 13, 2002, S. 21–41.

13 Für die Rechtmäßigkeit der Anwendung des Rechts auf Selbstverteidigung plädiert Condron, «Justification of Unilateral Action in Response to Iraqi Threat. A Critical Analysis of Operation Desert Fox»; in: *Military Law Review*, Bd. 161, 1999, S. 115 ff.; kritisch hingegen Byers, «The Shifting Foundations of International Law» (wie Anm. 12), S. 29.

14 Dazu Peter L. Bergen, *Heiliger Krieg Inc. Osama bin Ladens Terrornetz*, Berlin 2002, S. 133 ff.

15 Dazu Christine Gray, *International Law and the Use of Force*, Oxford 2000, S. 117 f.

16 So Wolfgang Graf Vitzthum, «Begriff, Geschichte und Quellen des Völkerrechts»; in: ders. (Hrsg.), *Völkerrecht*, Berlin und New York 1997, S. 38.

17 So etwa Albert Randelzhofer, «Kommentar zu Art. 51»; in: Bruno Simma (Hrsg.), *Charta der Vereinten Nationen. Kommentar*, München 1991, S. 617–635, hier S. 622, Fn. 25; ähnlich Rolf Martin Derpa, *Das Gewaltverbot der Satzung der Vereinten Nationen und die Anwendung nichtmilitärischer Gewalt*, Bad Homburg 1970, S. 107 f.

18 Christian Tomuschat: «Obligations Arising for States Without or Against Their Will»; in: *Recueil des Cours. Collected Courses of the Hague Academy of International Law*. Bd. 241 (1993 IV), Den Haag u. a. 1993, S. 195–374;

ders.: «International Law: Ensuring the Survival of Mankind on the Eve of a New Century. General Course on Public International Law»; in: *Recueil des Cours. Collected Courses of the Hague Academy of International Law.* Bd. 281 (1999), Den Haag u. a. 1999, S. 9–438.

19 Diese Seite der Völkerrechtsentwicklung ist vor allem von Carl Schmitt sehr stark herausgestellt worden; vgl. dessen Werk *Der Nomos der Erde im Völkerrecht des Jus Publicum Europaeum*, Köln 1950, insbes. S. 54–69.

20 Aristoteles, Politik III, 13. 1284a 15–17; vgl. Herfried Münkler, «Von Löwen, Füchsen und Hasen»; in: ders., *Politische Bilder, Politik der Metaphern*, Frankfurt/M. 1994, S. 93 ff.

7 Entfremdung vom neuen Empire

1 Dazu Michael Howard, *Die Erfindung des Friedens. Über den Krieg und die Ordnung der Welt*, Lüneburg 2001, S. 100 f. Die Bedeutung dieses Pop-Heroismus für die Einstellung der Bevölkerung zum Krieg und das Handeln von Regierungen wird überzeichnet und überschätzt bei Tom Holert und Mark Terkessidis, *Entsichert. Krieg als Massenkultur im 21. Jahrhundert*, Köln 2002.

2 John Keegan, *Der Erste Weltkrieg. Eine europäische Tragödie*, Reinbek 2000, S. 410 ff.

3 Ebd., S. 415; die Zahl der in allen Waffengattungen und an allen Fronten während der beiden Weltkriege gefallenen Amerikaner wird offiziell mit 344 959 angegeben; vgl. Edward Luttwak, *Strategie. Die Logik von Krieg und Frieden*, Lüneburg 2003, S. 76. Größere Vergleichszahlen zu beiden Weltkriegen finden sich bei Gabriel Kolko, *Das Jahrhundert der Kriege*, Frankfurt/M. 1999, S. 107 ff. und 205 ff.

4 Vgl. oben, Kapitel 5.

5 Robert Kagan, *Macht und Ohnmacht. Amerika und Europa in der neuen Weltordnung*, Berlin 2003, S. 28 f.

6 Vgl. Herfried Münkler, *Über den Krieg. Stationen der Kriegsgeschichte im Spiegel ihrer theoretischen Reflexion*, Weilerswist 2002, S. 227 ff.

7 Im Übrigen erklärt sich damit auch, warum Frankreich über Jahrzehnte in Afrika eine Politik verfolgen konnte, bei der immer wieder auch auf den Einsatz französischer Truppen zurückgegriffen wurde, wie zuletzt im aufflammenden Bürgerkrieg an der Elfenbeinküste. Ohne die Fremdenlegion wäre dies politisch nicht möglich gewesen.

8 Auch wenn es sich bei den Soldaten, die an Auslandseinsätzen der Bundeswehr teilnehmen, fast ausschließlich um Zeit- und Berufssoldaten

handelt, werden solche Einsätze von der Bevölkerung so wahrgenommen, als würden Wehrpflichtige entsandt. Diese öffentliche Wahrnehmung dürfte sich erst mehrere Jahre nach der Umstellung von einer Wehrpflicht- auf eine Berufsarmee verändern.

9 Dafür als Beispiel Peter Sloterdijk, *Falls Europa erwacht. Gedanken zum Programm einer Weltmacht am Ende des Zeitalters ihrer politischen Absence*, Frankfurt/M. 1994.

10 Kagan, *Macht und Ohnmacht* (wie Anm. 5), S. 26 f.

11 Ebd., S. 28.

12 So bezweifelt Christian Hacke, dass das europäische Modell des Handelsstaates den inzwischen eingetretenen sicherheitspolitischen Herausforderungen noch gewachsen ist. Er prognostiziert darum einen weltpolitisch weiter zurückgehenden Einfluss der Europäer; vgl. Christian Hacke, «Die USA als globaler Akteur»; in: *Sicherheitspolitik in neuen Dimensionen. Kompendium zum erweiterten Sicherheitsbegriff*, hrsg. von der Bundesakademie für Sicherheitspolitik, Hamburg u. a. 2001, S. 765–790, hier S. 778 f.

13 Wahrscheinlich ist die britische Unterstützung für die USA in politischer Hinsicht bedeutsamer als in militärischer, selbst wenn mehr als ein Viertel der gesamten britischen Streitkräfte an den Golf verlegt wird. In technologischer Hinsicht sind diese Verbände nämlich nicht besser ausgerüstet als die anderen europäischen Streitkräfte, und ihre Fähigkeit zu einer gemeinsamen Operationsführung mit den Amerikanern dürfte sich in Grenzen halten.

14 Die Warnung vor einer Überdehnung der Kräfte *(imperial overstretch)* ist die Leitidee in Paul Kennedys 1987 erschienenem Werk *The Rise and Fall of the Great Powers* (dt. *Aufstieg und Fall der großen Mächte. Ökonomischer Wandel und militärischer Konflikt von 1500 bis 2000*, Frankfurt/M. 1989). Von der bei Kennedy vorherrschenden Grundstimmung ist in der gegenwärtigen amerikanischen Debatte nicht mehr viel zu hören.

Danksagung

Ohne die tatkräftige Unterstützung meiner Mitarbeiter im Lehrbereich «Theorie der Politik» an der Berliner Humboldt-Universität hätte dieses Buch nicht geschrieben werden können. Seit Anfang Dezember haben sich nahezu alle Gespräche, die hier geführt wurden, um die Irakkrise, die politischen Optionen der Europäer, die Wahrscheinlichkeit eines Krieges und schließlich die Folgen dieses Krieges für das Verhältnis zwischen Europa und den USA gedreht. Winfried Schröder und Anna Loll waren unermüdlich damit beschäftigt, Bücher auszuleihen und Aufsätze zu kopieren, Skadi Krause, M. A., erstellte eine umfangreiche Recherche zur Kommentierung der Irakpolitik in der amerikanischen Presse, Dr. Marcus Llanque arbeitete während der Weihnachtstage an einer Recherche über die völkerrechtliche Behandlung von Präventivkriegen, und Dr. Karsten Fischer hat große Teile des Textes gelesen und kommentiert. Wie immer hat Karina Hoffmann das Manuskript sorgfältig abgeschrieben und in Form gebracht.

Ihnen allen gilt mein Dank. Vor allem aber gilt er meiner Frau, Dr. Marina Münkler, die mir ein aufmerksamer und kluger Gesprächspartner gewesen ist. Ohne ihren Zuspruch hätte ich nicht gewagt, mich auf dieses Projekt einzulassen. Die Wertungen und Urteile, die in der Analyse enthalten sind, wurden durch meine Gesprächspartner teilweise angeregt und unterstützt, teilweise wurden sie aber auch bezweifelt, und manchmal wurde ihnen heftig widersprochen. Für sie trage ich die alleinige Verantwortung. Dazu, dass ich dies kann, haben Zustimmung und Widerspruch gleichermaßen beigetragen.

Gewidmet ist das Buch meiner Tochter Laura, die vor einigen Jahren, gerade zehnjährig, Kriegsbilder mit der Bemerkung kommentierte: «Papa, kapitulieren ist doch peinlich!» Dieser Satz ist mir bei der Beschäftigung mit dem Thema Krieg immer wieder im Kopf herumgegangen. Intuitiv hat Laura ein Stück Kriegsursachenanalyse geliefert, das der professionellen Forschung verborgen geblieben ist.